MAURICE BARRÈS

DE L'ACADÉMIE FRANÇAISE

PRÉSIDENT DE LA LIGUE DES PATRIOTES

L'AME FRANÇAISE ET LA GUERRE

★★★★★★★★

LE SUFFRAGE DES MORTS

PARIS

ÉMILE-PAUL FRÈRES, ÉDITEURS

100, RUE DU FAUBOURG-SAINT-HONORÉ, 100

PLACE BEAUVAU

1919

L'AME FRANÇAISE ET LA GUERRE

★★★★★★★★

LE SUFFRAGE DES MORTS

MAURICE BARRÈS

DE L'ACADÉMIE FRANÇAISE

PRÉSIDENT DE LA LIGUE DES PATRIOTES

L'AME FRANÇAISE ET LA GUERRE

★★★★★★★

LE SUFFRAGE DES MORTS

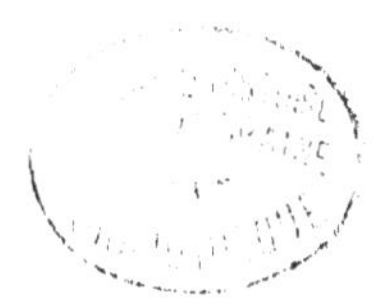

PARIS

ÉMILE-PAUL FRÈRES, ÉDITEURS

100, RUE DU FAUBOURG-SAINT-HONORÉ, 100

PLACE BEAUVAU

1919

LE SUFFRAGE DES MORTS [1]

DOUZIÈME PHASE

LA DÉFAITE DU MONTÉNÉGRO
A LA RECHERCHE DE L'UNITÉ D'ACTION
SUR L'UNITÉ DE FRONT

(1er Décembre 1915 - 20 Février 1916.)

*1er décembre 1915, 20 février 1916, c'est
entre ces deux dates que furent écrits les articles
dont la réunion compose ce volume. Période
d'attente sur le front occidental, jours d'épreuves*

[1] Le lecteur qui, sur la foi du titre, chercherait dans ce
volume la suite des articles par lesquels j'ai essayé de faire
accepter le suffrage des morts ne la trouvera pas, mais seulement son début (au 2 février 1916). Ces divers articles
paraîtront au cours des volumes à venir, chacun à la date
de sa première publication dans l'*Écho de Paris*. Alors pourquoi ce titre? Pour souligner l'importance que je crois que
l'on doit attacher à l'idée du suffrage des morts. Comme
j'avais fait pour *la croix de guerre* et pour *les mutilés*, j'ai
voulu mettre en valeur, inscrire en caractères de vedette,
une proposition que je regrette profondément de n'avoir pu
faire accueillir.

dans les Balkans, où s'écroule la résistance du Monténégro, semaines favorables pour la Russie dont les offensives progressent en Bukovine et en Bessarabie.

Nous avons laissé les Allemands, dans le tome précédent, sur le chemin de l'Asie. La défaite de la Serbie leur en a ouvert les routes. Ils vont pouvoir, le 11 janvier 1916, lancer le premier train direct Berlin-Constantinople par Belgrade et Sofia. C'est un résultat éclatant autour duquel la presse germanique mène grand tapage et triomphe bruyamment. Et cependant, si nous faisons le point, nous distinguerons qu'en cette fin d'année 1915, la situation des empires centraux n'est pas si merveilleuse qu'on le proclame en Allemagne.

Les Austro-Allemands occupent bien 430.000 kilomètres carrés de terre qu'ils ont ravis à leurs adversaires : 290.000 enlevés aux Russes, 87.000 aux Serbes, 28.000 aux Belges, 22.000 en France et 2.000 au Monténégro. Mais du million et demi de kilomètres carrés formant l'empire colonial allemand, 750.000 sont tombés aux mains des alliés. De ce domaine d'outre-mer, si cher au kaiser et aux zélateurs de l'expansion germanique, il ne reste plus à nos ennemis qu'une petite partie de l'Afrique orientale.

Et, quels que soient les gages que l'Allemagne ait pu saisir au bout de dix-huit mois de lutte, elle n'en est pas moins, comme le fait ressortir un journal de New-York, la Tribuna, *« dans la position d'un cambrioleur qui est entré dans une* **maison** *et, ayant ramassé son butin, n'en peut sortir ».*

Le problème de l'alimentation commence à inquiéter les dirigeants. Ils prêchent l'économie. La Gazette de Francfort *dit que le recensement des céréales, dressé en novembre, montre que les réserves sont inférieures aux prévisions et recommande aux populations de manger « le moins possible ». Dès le mois de janvier, des discussions s'élèvent au Reichstag sur la question des vivres. Le sous-secrétaire d'État, Michaëlis, déclare qu'au lieu de 17 millions de tonnes de céréales, comme en temps ordinaire, l'Allemagne n'en possède que 9. Au 1ᵉʳ février, la ration de pain, à Berlin, sera réduite de 1 kil. 950 à 1 kil. 900. En Autriche, elle est abaissée de 400 à 300 grammes. A la même époque, le mark, à Amsterdam, est tombé à 42,60, à Zurich à 93, tandis que la couronne atteint péniblement 63.*

C'est la guerre de siège, avec toutes ses conséquences, que les sorties victorieuses des Allemands, dans les Balkans, n'empêchent pas d'être

1.

menaçantes pour les Empires centraux. La Serbie est tombée. Mais Salonique garde la Méditerranée. Nous verrons s'évanouir le Monténégro, mais les flottes alliées n'en restent pas moins maîtresses de l'Adriatique.

Pour percer ce cercle, échapper à la famine, à la disette de toutes les matières premières, l'Allemagne a mis son espoir dans ses sous-marins. L'usage de cette arme nouvelle, qu'elle amplifie par tous les moyens en son pouvoir, aboutira à ce coup de théâtre inattendu pour les Allemands, mais que les esprits avisés voient se dessiner au lendemain du torpillage du **Lusitania** : l'entrée de l'Amérique dans la guerre.

Ainsi, d'une façon générale, la situation n'est triomphante qu'en apparence pour les Empires centraux, bloqués par les alliés, et qui n'ont de secours à attendre que d'eux-mêmes.

Examinons maintenant chacun des théâtres d'opérations. L'Orient, d'abord, qui continue à retenir l'attention, et où les Austro-Allemands dictent leurs lois.

Le 2 décembre, les Autrichiens et les Bulgares sont entrés à Monastir. La retraite de l'armée française de Serbie est complètement achevée le 8. Les alliés se retirent sur Salonique. Les Bulgares, après avoir occupé Ghevgheli et Doiran, s'arrêtent devant la frontière grecque.

Le drame du Monténégro paraît assez obscur et compliqué de dessous ténébreux. Les Monténégrins qui, d'abord, ont tenu tête aux Autrichiens, cèdent brusquement. Le 7 janvier, les Impériaux occupent le sommet réputé imprenable du mont Lovcen et, dès lors, le sort du Monténégro paraît désespéré. Le 8, l'attaque autrichienne se développe sur trois fronts. Le 10, les avancées de Cettigne sont bombardées, et, quatre jours après, la ville est occupée.

Des bruits de capitulation arrivent à Paris et à Londres. Cependant, le roi, après avoir conduit sa famille à Saint-Jean-de-Médua, d'où elle s'est embarquée pour Brindisi, rejoint son armée à Podgoritza et semble organiser la résistance.

Les Autrichiens poursuivent leur marche victorieuse, enlèvent Antivari, Dulcigno et menacent Scutari, que tiennent le prince Mirko et le général Martinovitch.

A Cettigne, on négocie. Scutari, Niksic, Danilovgrad, Podgaritza, tombent sans résistance. L'armée monténégrine s'est retirée dans les montagnes et le roi a gagné l'Italie et puis la France.

Une capitulation, dont on publie le texte à Vienne le 27 janvier, et qui stipule la livraison des armes, a été signée le 25 par trois personnages que le Gouvernement monténégrin déclare sans mandat et qu'il désavoue. Mais, qu'importe ! dit-on à Vienne, puisque le résultat militaire de la campagne est atteint. 300 canons, 50.000 fusils et 50 mitrailleuses sont tombés entre les mains des Autrichiens.

Oui ! mais, de même que, la Serbie vaincue, l'Allemagne nous trouve devant elle à Salonique, lui barrant le chemin, l'Autriche, le Monténégro désarmé, trouvera en Albanie les Italiens retranchés à Vallona. Le cercle s'est élargi, il n'est pas brisé.

***

Du côté russe, au contraire, l'étreinte se resserre. Toutes les attaques allemandes, sur la rive gauche du Styr comme sur le front de Riga, sont repoussées. Dans la Galicie orientale, après de violents combats, les Autrichiens sont obligés de reculer. Autres échecs sur la rive droite du Dniester.

En Bessarabie, les Russes avancent. Les armées du tzar progressent au nord de Czernowitz.

A la mi-janvier, les Russes ont gagné de 25 à 30 kilomètres en Bukovine et de 12 à 15 en Galicie. Partout leurs lignes se portent en avant, et l'on sent s'amorcer la grande offensive de Broussiloff qui bousculera tous les plans d'Hindenburg et constituera le dernier sursaut militaire de la Russie.

En Asie, l'année 1916 débute, pour les Russes, sur un fait de guerre d'une haute importance : la prise d'Erzeroum, capitale de l'Arménie, puissante citadelle tenue par les Turcs sur la route de la mer Noire. La Turquie d'Asie s'ouvre aux colonnes du grand-duc Nicolas. Elles marchent sur Trébizonde.

En somme, durant cet hiver, c'est vers la Russie que nos regards se tournent avec le plus de complaisance. C'est des Carpathes et du Caucase que nous viennent les bruits de victoire. On attend beaucoup de Broussiloff et du grand-duc Nicolas, et l'on songe à faire coïncider avec leur suprême effort une tentative des armées anglo-françaises qui pourrait être décisive.

*
* *

Sur le front français, les grandes batailles d'Artois et de Champagne se sont éteintes progressivement. Les réactions de l'ennemi se sont soldées par des pertes considérables. Notre haut commandement a fait prendre à nos armées un dispositif d'attente. Il lui permet d'organiser le terrain pour le grand assaut qu'il médite et de reprendre l'instruction des troupes. Il s'agit d'assurer la cohésion d'unités éparses réunies en divisions nouvelles et de les initier aux tactiques les plus récentes.

Les premières lignes sont tenues par un minimum de combattants. Des corps de réserve sont constitués en prévision de l'attaque, et les régiments retirés du front sont envoyés dans des camps d'instruction.

Ces dispositions sont caractéristiques de la période dont nous nous occupons, bien plus que les coups de boutoir portés par les Allemands en Artois, en Champagne, et que les combats qui se livrent durant tout l'hiver autour de l'Hartmannswillerkopf.

Mais le fait saillant, et qui commande tous les autres, c'est l'effort accompli par les Gouvernements alliés pour réaliser la formule mise en avant par le premier ministre français : « L'unité d'action sur l'unité de front. »

Par décret en date du 2 décembre 1915, toutes les armées de la République sont placées sous la direction du général Joffre. Quelques

jours plus tard, une conférence s'ouvre au grand
quartier, à Chantilly, sous la présidence de notre
général en chef, qui s'efforce de faire accepter
aux états-majors alliés un plan d'offensive générale comportant des actions simultanées et
concordantes sur les fronts principaux de la
guerre. C'est en vue de l'exécution des directives générales arrêtées dans ce premier conseil
de guerre de l'Entente, que le général Joffre
s'adjoint, en qualité de major-général des
armées, Castelnau, le vainqueur du Grand
Couronné de Nancy.

Vers la même époque, le commandement
anglais change de main. Sir Douglas Haig
remplace, sur le front, le maréchal French.
L'accord entre les états-majors français et
anglais est complet, et l'on sait par un rapport publié par le maréchal Haig lui-même,
que les deux chefs ont, dès lors, arrêté de
mettre en commun les moyens dont ils disposent, pour « exécuter conjointement une attaque
décisive, à cheval sur la Somme », et que cette
attaque aura lieu « vers le 1ᵉʳ juillet ». C'est
à cette date que l'armée russe sera parfaitement reconstituée et qu'elle pourra donner son
plein effet.

Derrière ses troupes, l'Angleterre fait un
immense et magnifique effort. Le Gouvernement

décide de porter les effectifs de 3 à 4 millions d'hommes. Une impulsion extraordinaire est donnée dans toute la Grande-Bretagne à la fabrication des engins de guerre. Plus d'un million d'ouvriers et plus de 250.000 femmes travaillent dans les usines contrôlées par le Gouvernement. La fabrication des mitrailleuses a quintuplé depuis le mois de juin. Aux derniers jours de la période que nous envisageons, l'Angleterre contrôlera 2.834 usines de guerre.

Ces chiffres ont leur éloquence. Ils démontrent que toute la Grande-Bretagne, comme toute la France, fait la guerre, et d'un même cœur, d'un même élan, avec une même volonté persévérante de vaincre. Le vote de la conscription obligatoire pour les célibataires de moins de quarante ans (acquis le 12 janvier) en est une autre preuve.

Si l'on veut bien considérer que dès le 1er décembre le baron Sonnino a annoncé au Parlement que l'Italie a adhéré au pacte de Londres et qu'une activité encore inconnue soulève la Péninsule, il semble permis d'espérer, aux premiers jours de 1916, qu'une sorte de concert permanent des gouvernants, une solidarité effective des armées et des peuples alliés est en bonne voie de se réaliser. Nous y voyons

un gage de victoire, tant nous sommes persua-
dés que les Empires centraux tirent tous leurs
avantages de l'unité de direction qui leur a
permis de développer leur action prolongée
contre la Russie et de réduire la Serbie.

I

LES VOSGES TRANSFIGURÉES

1ᵉʳ Décembre 1915.

Pour rendre, à mon tour, témoignage à nos soldats, je viens d'aller, comme en pèlerinage, sur la crête des Vosges, d'où la vue embrasse de longs espaces pleins de brouillard et de silence, et dans les petites vallées alsaciennes reconquises par leur vaillance. Qui n'a pas, une fois dans sa vie, parcouru ces vieilles montagnes ? Les étapes sont classiques, de Gérardmer à la Schlucht, au lac Blanc par les Chaumes, aux Trois-Épis, à Sainte-Odile. Je les ai refaites en partie, et j'ai trouvé ces beaux sites transfigurés. C'est l'impression que l'on éprouve en voyant pour la première fois des camarades en uniforme ou des amies vêtues de la coiffe blanche de l'infirmière. Ces solitudes sont militarisées, leurs forêts ébranchées, leurs chaumes sillonnés de tranchées et de fil de fer. Des routes serpentent où la veille filaient de rares sentiers. Et des convois de toute nature continuellement les sillonnent :

automobiles, chariots, mulets, utilisant tous les couverts pour relier l'arrière à nos troupes combattantes.

Un des points d'où l'on peut le mieux saisir cet ensemble et comprendre l'organisation défensive des crêtes vosgiennes, c'est naturellement le Hohneck. De la Schlucht, jadis, après un repos au chalet Hartmann ou bien à l'Altenberg, nul touriste ne manquait d'aller y passer quelques instants de l'après-midi. Le chalet Hartmann et l'Altenberg gisent à demi effrondrés. A la fin d'une courte journée d'hiver, nous nous sommes trouvés sur le vieux chaume dénudé et détrempé, au milieu des grands trous creusés par le marmitage.

Devant nous se développent une succession de montagnes, noires de sapins, dont les pentes glissent vers la plaine d'Alsace et le Rhin perdus dans le brouillard. Voilà toujours ces formes éternelles et sévères, et ce silence perpétuellement agité par le vent. Mais de quelles émotions s'est peuplé le désert ! Au milieu de ces nuées de novembre qui naviguent dans le ciel et au-dessous de nous, on éprouve le sentiment extraordinaire des grandes présences : la Douleur, l'Espérance, l'Esprit de sacrifice et la Mort agissent dans ces espaces. L'homme pourtant y demeure invisible. Deux armées cheminent sous ces forêts et s'épient, mais à peine une détonation vient-elle par intervalle témoigner leur présence.

L'officier qui nous accompagne veut bien nous expliquer tout le panorama. Sommet par sommet, comme dans la scène des portraits d'*Hernani*, il nous raconte la tragédie des derniers mois, et nous énumère les lauriers sanglants plantés par nos troupes au milieu des rochers vosgiens. Voilà cinquante ans que je parcours ces montagnes, et je n'ai jamais su les nommer. Pourquoi les aurions-nous distinguées? Nous ne pensions d'elles rien de plus que le chasseur endiablé de la légende où Victor Hugo s'est plu à les dénombrer pour rien, pour le plaisir de faire sonner des syllabes bizarres : « ... Le cavalier vit courir rapidement à sa gauche les montagnes des Basses-Vosges ; il reconnut successivement à la forme de leurs quatre sommets le Ban-de-la-Roche, le Champ-du-Feu, le Climont et l'Ungersberg. Un moment après, il était dans les Hautes-Vosges. En moins d'un quart d'heure, son cheval eut traversé le Giromagny, le Rotabac, le Sultz, le Barenkopf, le Gresson, le Bressoir, le Haut-de-Honce, le mont de

Lusse, la Tête-de-l'Ours, le grand Donon et le grand Ventron. Ces vastes cîmes lui apparaissaient pêle-mêle dans les ténèbres, sans ordre et sans lien... »

Notre officier y met de l'ordre et un lien. Son récit de la chasse héroïque menée par nos chasseurs à travers ces montagnes nous montre l'enchaînement de toutes nos offensives, leur portée d'ensemble, la tâche accomplie, celle qui reste immédiatement à fournir. Des Vosges moyennes, nous dit-il, descendent vers l'Alsace deux vallées principales, deux routes : celle de la Weiss, au nord, et celle de la Fecht, au sud, qui franchissent la frontière au col du Bonhomme et à la Schlucht. L'une et l'autre mènent à Colmar ; mais, avant d'y atteindre, elles sont mises en communication par la route d'Orbey à Stosswihr et par la route des Trois-Épis, que domine, toutes deux, le Linge.

Voyez le Linge, c'est là-bas ce massif boisé qui barre l'horizon de sa haute muraille. C'est pour le posséder, et pour tenir ainsi sous notre commandement la région que nous avons livré tant de combats terribles.

La préparation en fut admirable. Nous avions pu pousser nos lignes jusque sur les contreforts, mais les communications avec l'arrière étaient précaires. Les rares sentiers des Hautes-Chaumes ne pouvaient pas suffire aux concentrations et aux ravitaillements. Aucun village n'offrait de ressources de cantonnement. Il fallut installer des camps et des baraquements pour les hommes et les mulets, des dépôts de munitions et d'outillage, des relais d'ambulance, et en même temps construire sur douze à treize kilomètres une large route franchissant des sommets élevés, utilisant tous les couverts et prolongée par de larges boyaux défilés.

Aux approches du Linge, ces boyaux durent traverser une vallée dénudée et marécageuse où nos travaux s'effondraient continuellement. Nous y étions en outre exposés à des feux d'enfilade qui rendaient la circulation impossible de jour. Les bois épais qui couvrent les pentes du Linge empêchaient nos observateurs d'apprécier l'effet de destruction obtenu par nos bombardements préparatoires. Vers les sommets, ils apercevaient à travers les rares éclaircies un chaos de rochers, des éboulis de blocs. Sur une vaste étendue, entre le Schratzmännelle et le Barrenkopf, le terrain était dénudé, et les Allemands avaient profité de tous les abris environnants, de tous les flanquements, pour aménager cette clairière d'une telle manière qu'ils la proclamaient inabordable.

La première attaque eut lieu le 20 juillet. Le 22 août, nos chasseurs et l'infanterie qui les appuyait s'installèrent sur la position conquise. Après un mois de combats terribles, l'objectif visé était atteint. Nos chasseurs apercevaient maintenant toute proche la vallée de Munster, la plaine d'Alsace, Colmar. Et surtout nous avions imposé notre supériorité à l'adversaire. Nous avions brisé sept brigades allemandes sur les positions où elles s'étaient concentrées. L'ennemi se reconnaissait dominé.

Tout cela, je le dis moins bien que les documents officiels auxquels je m'assujettis et que je transcris par lambeaux. Il eût fallu que vous entendissiez notre guide et que vous subissiez ce que les lieux, la saison, l'heure du soir ajoutaient de puissance à son récit. Le 22 juillet, le jeu des relèves avait mis en tête de l'assaut les jeunes soldats de la classe 15 qui prenaient part pour la première fois à un véritable combat. Le général commandant l'attaque a dit qu'à voir la furie avec laquelle ils s'élancèrent sous le feu, il eut un frisson d'orgueil. D'un bond ils franchirent les tranchées ennemies, marchant littéralement, dit un texte officiel, sur les Allemands qui les occupaient. Ils atteignirent les crêtes et, dans leur élan les dépassèrent au lieu de procéder méthodiquement à une mise hors d'état de nuire des défenseurs qu'elles abritaient encore. Cet excès de témérité ne laissa pas à d'autres vagues d'assaut le temps de rejoindre nos troupes d'attaque et de les appuyer...

Le 29 juillet, une de nos compagnies atteint le réseau de fil de fer. Elle s'y maintient sous un feu violent à quelques mètres de la tranchée allemande. Le capitaine fait passer à son camarade d'une unité voisine ce simple billet : « Suis sur les fils de fer ; suis blessé par une balle ; nous retranchons sur place. Les Boches ne nous délogeront pas. Vive la France ! » Et, en effet, c'est vainement que les Allemands les somment de se rendre. On les entend qui chantent la *Marseillaise* dans les faibles sillons qu'ils se sont creusés sous la mitraille.

De telles histoires, c'est par centaines qu'on les peut recueillir, et nulle mémoire ne saurait retenir les noms innombrables de leurs héros. C'est au Linge qu'est tombé le vaillant fils de notre ami Galli, en se portant au secours d'un camarade blessé. J'ai sur ma table le billet de mort de l'un d'eux, Pierre Logerot, aspirant aux chasseurs alpins, tombé dans les

Vosges, à l'âge de vingt et un ans. Voici les dernières notes de cet enfant, qui était en même temps un noble et charmant esprit que j'avais pu apprécier : « Je ne veux pas manquer, écrivait-il, au rendez-vous que la Mort m'a peut-être donné en Haute-Alsace. Si vraiment je la trouve, il n'y aura rien autre chose qu'une pauvre croix de plus au coin d'un champ d'Alsace. »

Ces croix de bois et les faits surhumains qu'elles commémorent rendent la montagne des Vosges méconnaissable. Tout restant le même, tout y est changé, transfiguré. Jusqu'alors nous jouissions de leur paisible majesté, sans y être distrait par aucun détail, ni arraché à l'impression d'ensemble. C'était chaque année, au moment des vacances, comme si nous venions nous reposer dans un rêve hors du temps. Elles nous délivraient de nos soucis et de nos pensées personnelles, et, à la manière d'une grande composition musicale, nous soustrayaient au monde des querelles et de l'égoïsme, pour nous introduire dans le règne de la Nature. Mais aujourd'hui, c'est dans un monde supérieur encore qu'elles nous élèvent. La mort vient d'y ranimer la vie. Ces montagnes, hier immobiles, insensibles, sont pleines d'âme. Derrière la nature visible, on entend palpiter le monde héroïque : l'ivresse enthousiaste du dévouement, le mépris de la mort, l'invincible espérance.

Depuis ce Hohneck, battu de la pluie, tandis que le brouillard du soir achève de recouvrir les montagnes et que les dernières canonnades s'échangent entre les deux parties toujours invisibles sous les bois, une émotion solennelle flotte dans l'air. Chacun comprend que nous nous trouvons dans un temple immense où l'élite souffre pour la multitude et fait le sacrifice de sa vie. Ce massif funeste du Linge qui achève de disparaître dans le brouillard, c'est la pierre de l'autel, le calvaire.

II

LE CONSEIL DES QUATRE

A la recherche de l'unité d'action.

5 Décembre 1915.

Nous ne pouvons rien juger des décisions et des opérations militaires. Aurions-nous les données, la compétence nous manque. Mais s'il s'agit des méthodes générales de travail, le simple bon sens met tout esprit à même d'approuver ou de blâmer. On approuvera universellement l'extension de pouvoirs accordée au général Joffre.

Il saute aux yeux que celui qui commande déjà les armées du Nord-Est doit avoir le commandement du tout, parce que les autres théâtres d'opération n'ont d'importance que par leur répercussion sur le Nord-Est. En un mot, la guerre en Orient est fonction de la guerre en France. C'est le même qui doit mesurer là-bas et ici les efforts et distribuer les hommes et les munitions pris sur le stock des ressources françaises.

Ce disant, nous sommes tangents à la grande question qui fut toujours difficile, depuis plus d'un siècle, en France et que malheureusement dans ces dernières années, nous nous sommes déclarés incapables de régler et même d'examiner. Quelle liberté laisser au commandant des armées? Comment régler les rapports de la politique et de la stratégie, des gouvernants et du stratège?

Depuis le début de la guerre, le sentiment national et le souci du Bien public ont présidé à la plus parfaite entente. Voici comment les pouvoirs se sont équilibrés. La décision générale appartient au gouvernement, c'est-à-dire, exactement, à un Conseil supérieur de la Défense nationale qui comprend certains ministres et Joffre. Après quoi, il y a deux organes d'exécution : à l'intérieur, le ministre de la guerre ; aux armées, Joffre.

Vous voyez, le décret présidentiel ne fait guère que régulariser ce que la nécessité des choses avait institué. Mais que l'état de fait soit stabilisé, c'est bien. Ainsi est créée une condition utile pour un meilleur travail.

Maintenant, il faut que chaque pays ait son Joffre, et puis qu'un lien soit immédiatement établi entre ces quatre commandants en chef, anglais, russe, italien, français. Qu'au plus tôt ils se concertent en personne ou par de hauts délégués. Le général Jilinsky, ancien chef d'état-major de l'armée russe, est en France depuis quinze jours. Le général Porro, adjoint au général Cadorna, vient d'arriver dans les vingt-quatre heures. Voilà des *Missi dominici* tout portés. Quant à la liaison avec les Anglais, c'est fait. D'ailleurs, de l'une à l'autre armée, on peut s'appeler et se rejoindre en moins d'une journée.

Voilà ces hommes réunis. Des études préparatoires ont été faites par leurs états-majors. Ils s'exposent leurs thèses, discutent et décident. Chacun d'eux est le grand employeur des ressources de son pays. Le Conseil qu'ils forment à eux quatre sera l'employeur des ressources totales de la Quadruple : ressources d'hommes et de choses. Les Alliés produisent tant? Que l'on apporte le tout au tas, et que l'on fasse la répartition. Nous sommes une amitié mettant en commun ses ressources, au mieux d'opérations concertées, pour atteindre des buts définis.

Nous espérons bien que ce Conseil des stratèges présidera également à l'emploi des forces navales. Là aussi on demande unité de vues et coordination. Le programme vrai, c'est d'engrener étroitement toutes les forces de terre et de mer, anglaises, russes, italiennes, françaises, pour que la Quadruple soit comme une seule machine d'un rendement irrésistible.

Supposez que cette organisation ait existé quand la question d'intervenir dans les Balkans commença de se poser. Nos stratèges auraient examiné s'il était sage de créer un front en Serbie, d'y prendre l'offensive ou de se mettre dans une position d'attente? Que faut-il de forces? se seraient-ils demandés. Par qui seront-elles fournies? L'affaire ainsi analysée, ainsi prévue, ainsi *pensée*, prenait une autre allure.

« Mais, dit un lecteur, cette supériorité restera toujours au grand état-major allemand, ou mieux au Kaiser, qui ne délibère pas avec l'Autriche et la Turquie. Il ordonne... »

C'est un avantage qui, pour finir, pourra déchaîner d'effroyables rancunes... En tout cas, prenons les nobles nations qui composent la Quadruple-Entente avec leurs justes caractères de haute fierté. Nous ne pouvons pas penser, ni même désirer, qu'aucune d'elles abdique. On n'obtiendra ni de l'Angleterre, ni de la Russie, ni de l'Italie, ni de la France, qu'elles acceptent des ordres. On ne doit pas essayer d'aboutir au commandement d'un seul. La compétence se fera écouter. En toutes choses, n'aimons que le possible. Ce n'est pas la peine de se heurter à un mur.

Nous venons de franchir la première étape, hier, quand nous avons conquis l'unité de commandement chez nous. Maintenant, il est possible d'unifier notre action d'ensemble. Plutôt qu'une question de jours, c'est une question d'heures. La réforme se fait ou plutôt, déjà, je pressens qu'elle est faite. Aussi bien le temps presse. Ce Conseil n'aura pas à prendre de décision stratégique tous les jours, mais il y en a une que la circonstance exige. Quelle est la pensée commune des Alliés sur les interventions en Orient? Qui s'avance, qui se retire, qui demeure? Quelles ressources

chacun d'eux est-il prêt à mettre au tas pour
réaliser la décision commune?

Nous avons laissé échapper de bonnes occasions, nous avons couru des dangers et il
faut bien admettre qu'une erreur, quand elle
a commencé de déployer ses conséquences,
est difficile à rattraper. Mais voici qu'enfin la
Quadruple-Entente se crée un organe de clairvoyance et de prévoyance. C'est le moyen
d'abréger une guerre où l'Allemagne ne peut
pas vaincre, mais qu'elle prolonge par une
gestion supérieure de ses ressources. Quand
nous autres, les Alliés, nous employerons
raisonnablement nos forces communes, dont
le total, de l'aveu de tous, est supérieur au
total des forces germano-turques, nous rom-
prons enfin l'équibre à notre avantage.

Un chef militaire unique dirige maintenant
nos forces nationales; dès demain, un Conseil des quatre coordonnera les forces de la
Quadruple. Ce sont là des faits excellents.
Mais pourquoi si tard? En attendant que
soient organisées nos merveilleuses ressources
matérielles et morales, que d'efforts et de
sacrifices auront été nécessaires pour suppléer
à un système d'improvisation où les bavar-
dages favorisent les illusions et pour donner
la parole à ceux qui savent!

P.-S. — Les ligueurs voudront être nombreux aujourd'hui pour la cérémonie commémorative de la bataille de Champigny. Comme chaque année, la municipalité les invite à se joindre au cortège, qui partira à 1 h. 3o de la mairie pour le pèlerinage aux monuments.

III

POURQUOI NOUS NOUS BATTONS

La Ligue des Patriotes.

6 Décembre 1915.

Hier a eu lieu à Champigny la manifestation annuelle au monument des morts de 1871.

M. Albert Thomas, sous-secrétaire d'État, a pris la parole au nom du gouvernement.

M. Maurice Barrès, comme président de la Ligue des Patriotes, a prononcé le discours suivant :

Patriotes de tous les partis,

La France ne posera pas les armes avant que l'Alsace-Lorraine ne lui ait été restituée et que des garanties, prises contre l'Allemagne, par l'Europe, n'assurent la paix du monde.

Ligueurs, ce n'est pas là simplement le

programme de notre Ligue. Ce sont encore moins des vues personnelles. Au cours de cette guerre et dans un lieu si solennel, où nous écoutons à la fois les conseils de nos pères et les intérêts de nos fils, personne ne voudrait s'attacher à des opinions particulières. Réintégration de l'Alsace-Lorraine dans l'unité nationale, précautions de l'Europe contre l'Allemagne, voilà les conclusions nécessaires où se rejoignent, instruits par l'événement, ceux-là mêmes qui hier semblaient séparés par un fossé profond et se tenaient aux deux extrémités de la pensée française.

Comment se fit cet accord, comment des esprits si profondément divisés se sont rejoints, il est nécessaire que nous en prenions une idée nette. Notre union sacrée n'est pas une formule creuse ; elle contient des sentiments et des raisons que nous devons placer en pleine lumière, afin que chacun de nous sache bien « pourquoi nous nous battons », ce que nous voulons dire en répétant que nous irons « jusqu'au bout », et sur quelle expérience décisive, sortie des plus sanglantes erreurs, nous avons scellé la réconciliation nationale.

Patriotes de tous les partis, vous connaissez aussi bien que moi où en étaient nos sentiments et notre politique vis-à-vis de l'Al-

lemagne, quand son agression nous a surpris.
Nous avions subi en 1871 une violence sans
précédent. L'histoire ne cite pas un pays
arrivé comme le nôtre à la pleine conscience
de son unité qui ait été amputé d'une manière aussi cruelle. Et pourtant nous n'avions
pas fait la guerre de Revanche. La protestation même s'apaisait. Elle subsistait, ardente
et douloureuse, dans notre Ligue, mais de
plus en plus il y avait en France des hommes
qui prêchaient que c'était sage et généreux de
faire à la tranquillité de l'Europe le sacrifice
de notre revendication.

Leur propagande arrivait au milieu d'un
peuple qui depuis quarante ans attendait vainement la réparation du droit. Elle présentait quelque chose de neuf et de facile. Les
pacifistes proposaient à la démocratie française
de passer une sorte de contrat avec l'Allemagne, pour le bien de la civilisation. Un
contrat d'équité, disaient-ils, où chacun donne
et reçoit. La France abandonnait sa revendication ; elle laissait décidément les Alsaciens-
Lorrains à l'Allemagne, avec l'espoir que
celle-ci leur ferait une digne place, et, en
échange de ce douloureux sacrifice, la paix du
monde était assurée.

Cette conception, que tout notre instinct et

toute notre raison repoussaient, certains esprits, après quelques heures d'inquiétude, l'avaient adoptée de toute leur pensée et de tout leur cœur. Ils ne doutaient pas de travailler au bonheur de l'humanité. Ils croyaient créer une Europe nouvelle. Cela les enflammait au point qu'il n'hésitaient même pas à tuer l'Espérance, parce que selon eux elle retardait « ce qui doit naître ». Ils voulaient que le passé fût aboli dans les esprits, pour que le bel avenir n'y trouvât aucun obstacle. L'un d'eux, un jour, dans un village d'Alsace, causait du temps jadis, de l'époque française, avec un paysan. Celui-ci regrettait nos mœurs douces, nos petits soldats, la liberté française, et le pacifiste sans nul doute était touché de cette fidélité (car il n'y eût jamais un Français qui n'aimât l'Alsace, même parmi ceux qui renonçaient à la délivrer), mais il se raidissait pour pousser la pierre du tombeau sur cette âme qui ne voulait pas mourir. Et quand l'Alsacien conclut en disant : « Ça reviendra », le pacifiste, secouant la tête, lui dit pour dernier mot : « Non, ça ne reviendra pas ».

Pauvre petite scène, bien terrible, que l'on ne peut plus oublier.

Ce n'est pas à vous, Ligueurs et Ligueuses,

que je rappellerai avec quel génie d'énergie
et de clairvoyance Déroulède se mettait en
travers de cette propagande de l'oubli. Avec
lui nous venions ici chaque année attester
notre fidélité irréductible à l'Alsace-Lorraine
et répéter qu'un pays qui consent à une seule
diminution prépare son démembrement. Le
gredin qui vous a pris votre porte-monnaie
et à qui vous accordez votre acquiescement
vous somme sur l'heure de lui donner votre
montre. Déroulède prêchait dans un langage
enflammé l'honneur et le bon sens. Jusqu'à
son dernier souffle, il fut le champion de la
protestation et de la revendication. Vous l'avez
vu sortir de son lit de mourant pour venir
ici, une dernière fois, à la veille de sa mort,
à la veille de la guerre, dénoncer le péril
allemand et glorifier les vertus guerrières qui
seules conservent aux peuples leur liberté.

Pour prémunir la France contre le danger
du pacifisme, et lui dévoiler sous ces rêveries l'abîme, ce n'était pas assez d'un grand
cœur éloquent. La France estimait Déroulède,
elle lui donnait des applaudissements, de
l'amitié, du respect. Parfois aussi elle l'exilait.
C'est la destinée historique des prophètes
qu'on les envoie volontiers parler dans le désert. Pour croire tout à fait son prophète, la

France attendait l'accomplissement de ses prophéties.

Les faits se sont déroulés, brutaux et formidables. L'évidence a éclaté. Pacifistes, qu'est-il advenu de ce contrat que vous croyiez avoir signé avec l'Allemagne? En échange du sacrifice que nous faisions de notre revendication, quelle tranquillité a trouvé le monde? L'Allemagne n'avait même pas accordé une respiration libre aux Alsaciens-Lorrains. Elle refusait de leur faire fût-ce le sort d'une Bavière ou d'un grand-duché de Bade. Elle s'y prépare, nous disait-on. Elle se préparait à nous sauter dessus. Tandis que les pacifistes nous invitaient à ne plus écouter nos vieilles traditions de gloire, à étouffer sur l'autel de la paix nos instincts d'honneur militaire, l'Allemagne, avec une furieuse ardeur, forgeait ses instruments de guerre; elle appliquait toutes les ressources de la science à mieux armer encore ses éternels instincts de proie. Nous voulions oublier 1870, elle travaillait à le recommencer. Nous déclarions renoncer à notre revanche; elle s'occupait à redoubler son invasion. Et se jetant sur la paisible Belgique, détruisant, massacrant, torturant, elle n'a manqué que d'une victoire l'anéantissement de Paris.

Voilà ce qu'ont vu les pacifistes. Mesurez leur effroyable désillusion ! Leur bonne volonté n'a servi de rien. Ils prétendaient clore l'ère des revendications ; l'Allemagne la rouvre. Ils le comprennent, ils le proclament. Ils auraient voulu qu'il n'y eût plus de question d'Alsace-Lorraine ; mais l'Allemagne elle-même remet toutes choses en discussion, et, en déchirant le traité de Francfort, rétablit l'Alsace-Lorraine comme avant 1870. L'expérience des pacifistes est faite. Les voici, à cette heure ardente, à dénoncer qu'avec cette Allemagne, qui ne se considère comme obligée par aucun pacte, il n'est pas d'autre alternative que de subir la supériorité de la force ou de l'imposer.

Leur voix rejoint la nôtre. Leurs déclarations désormais se confondent avec l'enseignement constant de notre Ligue. L'Allemagne entière, disent-ils, est une volonté de puissance organisée avec la dernière perfection d'outillage. Elle ne s'embarrasse d'aucune moralité ; il faut que tout lui cède. Bethmann-Holweg a défini la situation avec la plus cynique sincérité, quand il a dit que la France veut l'équilibre européen, et que l'équilibre européen est intolérable à l'Allemagne.

En un mot, l'Allemagne veut commander.

Eh bien! contre cela, l'unanimité est faite en France : « Nous ne voulons pas obéir. »

Tous désormais nous nous plaçons dans le réel. Nulle confiance ne peut plus être accordée au peuple allemand. Il n'est pas capable de contrôler son gouvernement; il ne sait même pas distinguer s'il fait une guerre offensive ou défensive. Nous sommes obligés de le traiter selon l'échelon social et politique auquel nous le voyons placé. Les peuples ont des droits différents selon qu'ils sont à un état de conscience plus ou moins avancé. L'Allemagne est de ces nations qui abusent des droits qu'on leur donne. La civilisation politique française dit que nous considérons les autres nations comme des égales, et que nous voulons entretenir avec elles des relations fraternelles. Cet état de droit avait été institué d'une manière toute particulière pour la Belgique. L'Europe lui garantissait sa liberté et sa sécurité. L'Allemagne avait signé au bas du contrat. Elle a déchiré sa signature. Nous ne pouvons pas admettre que la civilisation française soit en échec à ce point; nous ne pouvons pas laisser la Belgique, demain, à la discrétion de la force allemande. Si traité et signature ne sont pas des garanties, il faut les renforcer. Contre ce peuple d'Allemagne,

si peu maître de son gouvernement et qui s'ac-
commode si bien d'une politique immorale et
féroce, les précautions sont permises et com-
mandées.

Le fleuve a débordé. Les riverains pren-
dront des mesures pour rétablir la digue.
L'Europe exigera des garanties pour protéger
la tranquillité du monde. Le but de cette guerre
est de dissoudre la volonté de domination
allemande dans une volonté infiniment plus
large, dans la volonté européenne.

Tel est le point de vue européen auquel se
sont ralliés tous les Français. Cette unanimité
pour aller « jusqu'au bout », cette union
sacrée sur le but de la guerre nous sont
imposées par la situation des choses et par la
nécessité des événements. A la lueur des
éclairs, dans la tempête, chacun de nous a
dû comprendre qu'une transaction ne pourrait
être qu'une trêve. Il n'y a plus raisonnablement d'autre alternative que de subir la loi
germanique ou d'imposer notre loi aux Allemands.

Pas de paix sans l'Alsace-Lorraine; pas de
paix sans des garanties qui, en recréant l'équilibre européen, mettront l'Allemagne dans
l'impossibilité de renouveler son abominable
agression. C'est la tâche que veulent accom-

plir nos soldats et parmi, eux, ces admirables territoriaux qui se battent pour que leurs enfants ne subissent pas les souffrances que cette guerre impose à leur vaillance inébranlable.

Acclamons, Patriotes, l'armée des combattants et cette armée de travailleurs qui, dans les arsenaux, les fournissent de munitions, sous la direction du membre du gouvernement, Albert Thomas, que, tous, nous sommes heureux de voir au milieu de nous. Vivent les soldats de Joffre, les soldats de la France et de la République.

IV

LA CRISE DU LIBÉRALISME EN TEMPS DE GUERRE

A la recherche de l'unité d'action.

8 Décembre 1915.

A Champigny, dimanche, dans tous les partis, on mesurait le service rendu par Déroulède et ses amis, qui ne manquèrent jamais d'accomplir les pèlerinages pour la patrie qu'ils avaient institués. Champigny, Buzenval, la statue de

Strasbourg? Il y eut des moments où la Ligue, entamée par les violences et les railleries, ne fut guère qu'un rideau, mais une élite demeurait qui jamais ne céda le terrain, et, grâce à elle, les hautes positions protestataires en face de l'Allemagne demeurèrent toujours occupées. C'est ainsi que dimanche, tout naturellement, sans à-coup, une tribune consacrée était prête pour le jeune chef socialiste qui venait, à l'heure du péril national, se placer au milieu des patriotes, pour la défense de la France et de la civilisation.

Ce fut entre Albert Thomas et la Ligue un accord parfait des sentiments, des pensées et des engagements. « Pas de paix, a dit le sous-secrétaire d'État, avant que notre Lorraine et notre Alsace ne soient rentrées définitivement dans l'unité française... » Quelle approbation décisive à la longue, inlassable, ardente vigilance du fondateur de la Ligue des patriotes ! Inutile d'insister ; les faits prononcent un éloge qui surpasse toutes les louanges.

Plus que personne, Déroulède a rencontré sur sa route les salisseurs, mais rien du dehors ne pouvait l'empêcher de remplir sa tâche, et quand il atteignit le terme de sa carrière, un regret universel s'éleva. Eh bien ! m'écrit un correspondant, il faut faire attention que les éléments nobles du pays ne soient pas de nouveau méprisés et contenus par les éléments ignobles, et que la jouissance et la moquerie ne reprennent pas leurs droits sur le dévouement et l'enthousiasme. Au point de vue moral, ce serait la pire « usure ». Nous devons saisir chaque occasion de ranimer (comme Mithouard l'a bien fait dimanche, parlant au nom de la Ville de Paris) la grande figure de Déroulède. Nul ne songe à le recommencer ; ses titres et ses aptitudes composaient une force unique, et chaque plante humaine produit un fruit selon sa nature propre ; mais l'exemple d'une belle vie s'élève au-dessus de la forêt pour servir de repère à nos activités et pour stimuler nos âmes.

Déroulède ne se bornait pas à nous signaler le péril allemand. Il s'occupait avec acharnement à restaurer chez nous les principes d'autorité, sans lesquels la meilleure bonne volonté serait impuissante à organiser la victoire. Ce n'est pas tout que la patrie en danger possède d'immenses ressources ; il faut qu'un pouvoir exécutif vigoureux et compétent les emploie.

L'état de guerre, qui a modifié unanimement l'opinion que l'on avait sur le patriotisme de Déroulède, doit amener aussi à con-

sidérer dans un esprit tout nouveau ses idées
sur le parlementarisme. Il ne s'agit pas de
revenir sur des luttes éteintes, mais de prendre
les choses au point où nous sommes, sans
esprit de polémique, avec le seul souci du
salut public. Il est malheureux que, dès le
temps de paix, la prévoyance des hommes
politiques n'ait pas institué une organisation
des pouvoirs pour le temps de guerre, et que,
conformément à tous les enseignements de
l'histoire, l'exécutif n'ait pas été renforcé, en
même temps que le législatif affaibli. Chacun
voit bien qu'une telle modification serait
nécessaire ; on peut même constater qu'en
fait, tant bien que mal, ce transfert de pouvoir a été esquissé. Un pays s'adapte toujours
quelque peu à une situation violente. Les
républiques de 1792 et de 1870, aux prises
avec l'invasion, ont organisé, l'une, un
Comité de salut public de neuf membres agis-
sants, et l'autre un triumvirat. Nous-mêmes,
au centre de notre ministère un peu vaste,
n'avons-nous pas un noyau, assez mal distinct,
mais plus solide ? S'il s'agissait d'une petite
guerre, sous l'influence des événements, nous
nous ressaisirions par une suite d'expédients.
En présence d'un problème aussi vaste et
d'une guerre mondiale, l'adaptation est plus

lente, les fautes vont plus loin, et il faut bien savoir que le problème existe.

Oui, dans cette minute, pour tous les pays belligérants (et non pour la France seule), c'est un grand problème que des intérêts secondaires et par exemple de mesquines considérations de parti ne viennent pas gêner ce qui doit être notre seule pensée, notre seule volonté : mener la guerre à une fin heureuse. La victoire ne peut être obtenue qu'en plaçant des hommes compétents à la tête de l'entreprise et en les mettant à même de transformer leurs plans en actes sans perte de temps et sans crainte d'être gênés.

On le voit dès maintenant à Londres, à Rome, aussi bien que dans notre pays. Voulez-vous examiner ce que dit *Land and Water ?* « Quand nous sommes tentés, écrit la revue anglaise, de critiquer les gouvernements alliés (qui unissent mal leurs forces contre l'ennemi commun), nous devrions comprendre qu'avant d'harmoniser leurs efforts ils doivent d'abord considérer, chacun, son Parlement, ses intérêts de parti, tenir la juste balance entre son pouvoir civil et son pouvoir militaire. C'est une source de difficultés. Toutes les nations alliées sont représentées par des Parlements, dont les cabinets

respectifs attendent l'approbation, même pour
la poursuite de la guerre. Beaucoup trouvent
que c'est une précieuse sauvegarde. Mais cela
peut devenir aussi une entrave au seul genre
d'action qui peut réussir dans une lutte sans
merci comme celle où nous sommes. En temps
normal, la nation s'identifie avec **sa** représentation législative ; en temps de guerre,
avec l'armée. »

Voici d'autre part quelques paroles du
socialiste italien Ciccotti, dont l'intervention
a heureusement tourné la séance de Monteci-
torio : « Je ne suis pas (davantage) un ido-
lâtre du système parlementaire, je ne suis pas
à admettre que le Parlement soit un organe
adapté pour remplir toutes les fonctions, ou
un lieu où tout se puisse discuter mieux
qu'ailleurs. Ce moment-ci n'est pas celui des
apologies ou des condamnations, des huées
ou des acclamations ; si la convocation nouvelle du Parlement peut et doit avoir une
valeur politique, ce n'en peut être qu'une
seule : celle d'une vigoureuse profession de
foi, sans aucun égarement, ni aucune jactance,
sans cet égarement, dis-je, qui abat l'esprit
et énerve la force ; sans cette jactance qui
mène nécessairement aux désillusions, pour
avoir fait perdre le sens de la réalité. Aussi

ne s'agit-il point à présent de voter pour un ministère, mais pour une noble cause et pour un Pays ». (*Corrière* du 5 décembre.)

Voilà des points de vue italien, anglais. Voulez-vous que je les élargisse en donnant la parole, entre mille, à l'un de mes lecteurs?

« Cette guerre, m'écrit-il, est plus qu'une lutte à mort entre deux groupements ethniques. C'est le combat entre deux conceptions opposées de l'existence sociale. Nous représentons un idéal de liberté politique et sociale. Nous le sentons clairement et les neutres le comprennent. Ce fait nous fournit dans le monde une position de supériorité que nous ne saurions perdre sans dommages.

» C'est un fait et nous devons l'accepter comme tel. Au reste, si divisés que nous soyons chez nous, nous nous entendons sur ce point, et nul de nous ne voudrait, ne pourrait s'accommoder de la civilisation ni de la société allemandes. Mais il se trouve que ce régime de liberté est une infériorité dans la guerre. Il se trouve que notre système politique parlementaire nous place, et l'Angleterre tout autant que nous, dans un état d'infériorité vis-à-vis de notre adversaire. Les derniers événements l'ont assez montré. Eh bien! si nous acceptons que notre idéal et l'ensemble de nos aspirations nous imposent des efforts plus grands, plus longuement poursuivis, il y a tout de même une limite. Nous sentons que l'on pourrait acquérir, sans renoncer à nos libertés essentielles, un peu de cette unité d'action qui fait la force de l'ennemi.

» Qu'il y ait discussion ? Soit. Qu'il y ait anarchie ? Non. Élargissons nos vues. Assez des rivalités de personnes ; assez de la tyrannie des mots. Il faut bâtir sur des faits. A cette heure, la fortune de la patrie est remise aux mains de l'armée. Celui qui ne trouve pas sa place fixe dans l'effort militaire a d'autres devoirs à accomplir. C'est action encore que la méditation silencieuse qui prépare l'effort du lendemain... »

J'ai donné tout le morceau. On voit bien où l'accord se fait entre ces trois pensées française, anglaise, italienne. Voilà des hommes qui veulent laisser de côté provisoirement leurs préférences personnelles pour accepter les conditions politiques les mieux aptes à préparer la victoire.

Il est certain qu'une idée s'élabore, une doctrine sur ce que doit être le gouvernement pendant la guerre. A la lumière de l'expérience, les plus entêtés de libéralisme constatent la nécessité, au moins temporaire, de l'autorité, et le bien public justifie à leurs yeux ce qui pouvait, en temps de paix, répugner à leur humeur propre. La question est de savoir si cette aspiration générale sera entendue, si nous aurons en France et chez nos alliés le moteur, l'animateur qui procéderait enfin à la mobilisation des pays et non seulement des armées, et à la coordination des forces totales...

Voilà ce que je pensais, dimanche, en revenant de Champigny, où chacun des orateurs s'était placé d'instinct dans le fil de la pensée patriotique de Déroulède, et je me disais qu'après avoir constaté que la force des choses les amène à faire la guerre, des hommes politiques devraient également reconnaître que l'état de guerre et les nécessités de la patrie en danger les obligent à adopter une méthode de gouvernement plus apte à organiser et enflammer la nation.

V

LES ALSACIENS-LORRAINS
VIVAIENT EN CAPTIVITÉ
SANS CESSER D'ÊTRE FRANÇAIS

La rive gauche du Rhin.

9 Décembre 1915.

Le président Poincaré et le général Joffre, s'appuyant l'un l'autre, sont allés dire avec solennité aux Alsaciens-Lorrains délivrés par nos armes que la France respecterait leurs droits et leurs traditions, qu'ils conserveraient leurs libertés, leurs mœurs, leur langue. Quel est le vœu des Alsaciens-Lorrains auquel ces promesses répondent? Quelle forme devra prendre cette liberté que nous leur promettons?

Grandes questions que traite M. Paul-Albert Helmer dans ce livre *France-Alsace* (1 vol., Paris, Société générale d'éditions) auquel il me fait l'honneur de me demander une préface.

Helmer a qualité pour donner à l'opinion française cette série de consultations. C'est un véritable Alsacien, lent, posé, sérieux et qui, probablement, quand il a commencé à vivre de notre vie française à Paris, s'est étonné de cette façon que nous avons parfois de traiter avec une apparente légèreté les plus graves intérêts. Avant la guerre, il fut là bas un patriote militant, un des meilleurs parmi cette élite qui ne cessa de maintenir, sous la botte prussienne, une pensée d'inaltérable fidélité à la France. Depuis la guerre, nous l'avons vu plaider la cause de ses compatriotes auprès des autorités administratives françaises. Le gouvernement l'a nommé vice-président de la commission interministérielle des Alsaciens-Lorrains. Fort de son expérience, autorisé par ses services d'hier, il prépare l'Alsace de demain.

Grand mérite qu'ont les Collin, les Wetterlé, les Blumenthal, les Laugel, les Helmer (je ne cite pas ceux qui servent dans nos armées), quand réfugiés en France ils s'appliquent à faire aimer et comprendre leurs deux petits pays d'Alsace et de Metz, et à réduire les malentendus. Leur effort principal, c'est, en deux lignes, pour faire reconnaître le droit des annexés à être traités comme des citoyens français.

Helmer, avocat au barreau de Colmar, dé-

fenseur de Hansi et de l'abbé Wetterlé, conseiller juridique du Souvenir alsacien-lorrain,
mêlé à toutes les péripéties de la vie politique
en Alsace-Lorraine dans ces dernières
années, est l'auteur du fameux *Programme
de l'Union nationale* adopté le 29 juin 1911
et qui débute par ces mots : « *Nous voulons
comme condition essentielle du bien-être
matériel et moral de notre peuple, une constitution garantissant à l'Alsace-Lorraine une
autonomie complète dans l'empire d'Allemagne* ». Nul mieux que lui ne peut donc
nous en dire l'esprit secret. Il a toute
autorité pour jeter bas cette petite façade
derrière laquelle ses amis et nous tous, nous
avons mené la lutte. « Que signifiait en réalité,
écrit-il, cette demande d'autonomie ? C'était
la forme à laquelle avait dû se réduire notre
opposition depuis qu'on avait rendu impossible la protestation ouverte. Mais si l'on nous
avait accordé le régime le plus libre, nous
aurions trouvé une autre question à soulever
pour donner un objet à notre résistance.
Toutes les personnes qui sont venues de bonne
foi se renseigner auprès de nous sur le sens
de nos réclamations et sur l'importance que
nous attachions à notre demande d'autonomie,
ont eu partout la même réponse de Metz à

Strasbourg et de Wissembourg à Mulhouse :
Il n'y a qu'un remède à notre situation,
disions-nous, et c'est la guerre qui l'appor-
tera ».

Du fait de l'Allemagne, la guerre a éclaté.
L'Allemagne a déchiré, elle-même, le traité
de Francfort. Par là, les personnes qui habi-
taient l'Alsace-Lorraine en 1871 et à qui le
traité de Francfort a ravi la nationalité française en leur imposant la nationalité allemande, se trouvent réintégrées, elles et leurs
descendants, dans la plénitude de leurs droits
de citoyens français. Écartons du pied l'odieuse
bêtise d'un plébiscite. Nos armées procèdent à
la libération d'un peuple. Après quarante-
quatre années, les canonnades sur les Vosges
répondent à l'appel des nobles et malheureux
députés de l'Alsace et de la Lorraine quittant
l'Assemblée de Bordeaux. Vous connaissez
leur sublime protestation contre la violence
qui leur était faite : « Nous déclarons nul et
non avenu un pacte qui dispose de nous sans
notre consentement. La revendication de nos
droits reste à jamais ouverte à tous et à
chacun dans la forme et la mesure que notre
conscience nous dictera. » L'heure du destin
a sonné. Les temps de la captivité s'achèvent.
Si l'on procédait à un plébiscite, ce serait ad-

mettre que la France peut reconnaître aujour-
d'hui ce traité de Francfort, dont elle a poursuivi l'abrogation pendant quarante-quatre
ans et que l'Allemagne elle-même, dans l'espoir d'obtenir un plus riche butin, vient de
déchirer! Cette supposition est absurde. En
faveur des Alsaciens et des Lorrains indigènes
ou issus d'indigènes, il y aura lieu d'utiliser
une facilité que le droit public français donne
à certaines personnes ayant perdu la nationalité française, ou bien à leurs descendants.
Helmer pense aux arrière-petits-fils des protestants qui durent émigrer au dix-septième
siècle. Ils peuvent réclamer leur réintégration. Un même traitement sera appliqué en
bloc à tous les survivants ou descendants de
la population que nous avons dû sacrifier et
abandonner après notre défaite de 1870.

J'ai insisté sur cette conception de Helmer,
parce que, étroitement d'accord avec ce savant
patriote, nous y voyons la vérité évidente et
le principe hors de toute discussion d'après
lesquels, dès maintenant, doivent être
réglées toutes les questions d'Alsace et de
Lorraine. Il ne peut y avoir de doute que,
même durant cette guerre et avant la réunion
qu'amènera la victoire, les annexés doivent
être considérés comme des Français. Je sais

que le sentiment public en France hésite momentanément à accepter ce point de vue dont la justesse pourtant est irréfutable. C'est que trop d'Allemands, devant des fonctionnaires mal préparés à faire les distinctions nécessaires, ont cherché à se faire passer pour des annexés. C'est ainsi qu'il s'est trouvé dans le bon troupeau des brebis galeuses. De même qu'il y eut des Français pour n'être pas bons Alsaciens-Lorrains, on rencontre des Alsaciens-Lorrains mauvais Français. Mais ces exceptions ne doivent pas troubler notre claire intelligence du problème.

Quand, au mois d'août 1914, l'armée du général Pau s'avança jusqu'aux portes de Colmar, Helmer était parmi ces Alsaciens qui eurent l'honneur de servir de trait d'union entre nos troupes et la population indigène. La perspective de l'Alsace française s'est ouverte devant lui mieux que devant aucun de nous. Deux mois plus tard, je suis allé làbas ; j'ai décrit ici le bourgeois de Dannemarie sur son haut perron, mais déjà la réflexion, l'inquiétude, la connaissance des terribles représailles avaient mis des nuances et contrariaient la première spontanéité. Helmer a vu cette aube dans sa fraîcheur inoubliable d'août 1914 ; il a été le témoin des heures premières qu'avaient appelées, durant un demi-siècle, avec une si intense religion, les meilleurs des Français.

— Eh bien ! lui demanda-t-on, qu'avez-vous vu, entendu, senti?

— Ah ! répondit-il, n'imaginez pas des enthousiasmes furieux, des mouvements extérieurs, c'était mieux, plus profond, une chose intérieure, un contentement intime, un sentiment de famille.

Et, développant sa pensée, de sa voix lente et posée, il explique consciencieusement :

— Avant la guerre, quand les sociétés alsaciennes, harmonies, orphéons, sociétés sportives et autres, allaient excursionner le dimanche dans les vallées des Vosges, la population des villages accourait dans les rues des villages pour les voir défiler. Aux arrêts, on échangeait des propos familiers, on se serrait la main, on refaisait connaissance. N'était-on pas de la même famille? C'est ainsi que nos campagnards ont fraternisé avec les soldats. Un revoir cordial et chaleureux après une absence qui avait duré quarante-quatre ans. Il n'y avait nulle ostentation, nul geste de commande. A Thann, à Guebwiller, à Rouffach, à Turckheim, ce fut partout la même spontanéité... »

Ainsi l'homme du peuple, en Alsace, n'eut aucun calcul de la prudence. N'écoutant que son cœur, il est allé droit à nos soldats qu'il reconnaissait comme ses frères. Le témoignage de M. Helmer est précis. J'ai tenu à le recueillir. Je puis le compléter avec une autre déposition, allemande celle-ci, et qui concerne la Lorraine.

Un publiciste de Munich, M. Julius Jurinek, a publié, dans le *Neues Wiener Journal* du 29 août 1915, le récit d'un voyage qu'il a fait en Lorraine annexée, sur le champ de bataille de Morhange. Ce Bavarois a été vivement frappé par l'attitude pleine de tristesse et de dignité de cette population lorraine, qui, s'écartant depuis quarante-quatre ans de ses maîtres qui l'écœurent, s'obstine à vivre de souvenirs et d'espérance. « Ce qui frappe avant toute chose, écrit-il, c'est l'aspect morne et uniformément triste du pays et des habitants. Les villages sont vides et muets. Le travail même est silencieux. Les hommes manquent. Au printemps, les soldats sont venus travailler les champs ; ils sont venus assurer la moisson. Villageois et citadins ont dû s'accoutumer à loger des troupes à demeure. Les vieux paysans regardent avec des yeux étranges l'activité militaire dans la

commune et sur les routes. Ils ne disent rien.
Les Lorrains sont lourds et fermés comme
leur pays, qui est tout pour eux. A la pesante
mélancolie du paysage, correspond l'entête-
ment de la population. On pense au mot du
poète : « Ainsi, la vieille coutume s'est transmise inchangée de l'aïeul au petit-fils... »

On ne peut imaginer deux tableaux qui
fassent un plus saisissant contraste, deux
témoignages qui, en s'opposant, se confirment
mieux. Telle est la joie devant les Français,
tel est le deuil devant les soldats de l'Allemagne. La « vieille coutume » est bien restée
dans les cœurs comme dans les mœurs. Puisqu'elle s'est « transmise inchangée de l'aïeul
au petit-fils », elle sera respectée, ainsi que
Poincaré et Joffre l'ont promis, et les patriotes
comme Helmer et ses compagnons de lutte,
après avoir guidé leur peuple dans les heures
sombres, après avoir établi les principes qui
doivent présider à la réunion, trouveront,
demain, des chefs politiques et le trait d'union
naturel entre France et Alsace.

VI

EN SORTANT DE LA SÉANCE

Le Parlement.

10 Décembre 1915

Cette interpellation, cette discusion entr'ouverte puis aussitôt heureusement fermée, sur les chefs de l'armée, confirme, illustre, à la manière d'une vignette dans un livre, ce que nous disions l'autre jour de l'infériorité où se mettrait un pays qui croirait pouvoir continuer pendant la guerre ses méthodes politiques d'avant-guerre.

Ce serait un malheur si la France, bien qu'engagée dans une lutte de vie et de mort, ne combattait pas pour la victoire pure et simple et prétendait compliquer les conditions de son effort en s'embarrassant avec les règles d'un cerain jeu qu'elle joue en temps de paix et qu'elle ne veut pas interrompre.

Un écrivain anglais, le docteur Dillon, vient de publier des réflexions qui m'on vivement frappé par leur justesse, il ne querelle personne; il constate chez tous les Alliés

des lenteurs fatales, des indécisisns, des préoccupations qui ne sont pas stratégiques et
qui nuisent à notre guerre.

Il eût été raisonnable de rompre tout respect fétichiste des habitudes de la paix, et de
ne considérer que ce qui est immédiatement
utile par rapport à la victoire. Au contraire,
nous semblons penser qu'après la guerre tout
doit aller comme auparavant et que durant la
guerre toutes les trames doivent demeurer
intactes. Nous avons deux Chambres à écouter,
des intérêts de parti à suivre et puis la juste
balance à tenir entre le pouvoir civil et le
pouvoir militaire. Tandis que la guerre pose
brutalement la question de forces et qu'il ne s'a-
git de rien autre que d'être les plus forts et les plus
rapides, nous nous croyons obligés de forcer
nos plans, notre préparation et chacune de
nos décisions à demeurer en contact étroit,
en accord avec les directives de la vie politique intérieure.

Il paraît qu'il y a encore dans l'imagination
de certaines gens du cléricalisme, de l'anticléricalisme, du socialisme, et d'autres soucis
querelleurs de cette importance. Le travail de
coordonner tous ces intérêts internes doit for-
cément précéder celui d'organiser nos forces,
de les coordonner avec les forces de nos Alliés

et de les lancer toutes contre l'ennemi commun. Briand en a dit quelque chose à la
séance d'hier.

C'est une source de difficultés que nous devons avoir devant l'esprit quand nous sommes
tentés de critiquer le gouvernement. En toutes
choses, il attend l'approbation du Parlement.
Beaucoup considèrent que c'est là une précieuse sauvegarde de la liberté civile. Croient-
ils sérieusement qne celle-ci court aucun
risque? En tout cas, cet assujettissement de
la conduite de la guerre à la politique des
partis peut devenir une entrave au seul genre
d'action qui réussira dans une lutte sans
merci comme celle où nous sommes engagés.
En temps normal, la nation s'identifie avec sa
représentation législative; en temps de guerre,
avec l'armée. Aujourd'hui, il n'y a, il ne
devrait y avoir qu'une pensée, qu'une volonté:
mener la guerre à une fin heureuse. Cela
peut seulement être obtenu en plaçant des
hommes compétents à la tête de l'entreprise
et en les mettant à même de transformer
leurs plans en actes sans perte de temps et
sans crainte d'être gênés.

Rien ne doit être considéré à cette heure
que du point de vue militaire. Que celui qui
possède la compétence et qui assume la res-

ponsabilité ait sa liberté d'action. Si la personne d'un chef devait être discutée à la tribune, s'il est écarté par de mesquines intrigues de parti, avec quels sentiments devrions-nous considérer l'avenir? Et si de nouveau on se perd en longues consultations, en chaudes discusions, ne verrons-nous pas se renouveler sur d'autres terrains les retards solennels que nous sommes en train de payer aux Balkans?

De telles fantaisies ne troublent pas les perspectives militaires en Allemagne. Là, les maîtres de la guerre conçoivent de longs projets en sachant qu'ils seront libres de les développer dans tous leurs détails sans intervention du Parlement ou de personnalités parlementaires. Le secret de ce que l'Allemagne a pu avoir de succès est ouvert à toute l'humanité: c'est la subordination de chaque chose et de chacun aux nécessités de la guerre, le choix des chefs les plus compétents pour la conduire, enfin la suppression de toute gêne et de toute limitation à leur liberté d'action.

Depuis près d'un an et demi, nous avons vu et subi les résultats puissants obtenus par cette simple formule. On s'explique bien qu'elle répugne à certains esprits, et cette

répugnance, j'accepte que l'on dise qu'elle est
à leur honneur. C'est se rétrécir durement
que de réduire toutes ses sympathies, toutes
ses traditions à des nécessités purement militaires. Mais ce sont des nécessités. Il s'agit
de la vie de la France. Il s'agit de sauver ce
génie même de liberté que l'on redoute de
trop militariser.

Il devrait être maintenant évident que la
tâche qui nous incombe réclame nos forces
totales et le plein exercice de la faculté d'abnégation de chacun, lorsque l'intérêt commun
le demande. Rien n'est compromis. Mais
c'est le moment de jeter un regard utile sur
nos méthodes, et, après avoir vu nos erreurs
réparables, de ne pas nous engager, en pleine
guerre, dans les exercices d'avant la guerre.
A cet effet les réflexions anglaises, que je mets
sous les yeux de mes lecteurs et que leur
auteur applique à tous les pays de la Quadruple, peuvent nous fournir le thème d'un
examen de conscience salutaire.

VII

UNE VISITE AU QUAI DE LA RAPÉE

Les invalides de la guerre.

12 Décembre 1915.

C'est une tâche aisée de s'adresser au public et de l'émouvoir en faveur des Mutilés. Tous les Français cherchent une occasion d'exprimer leur amitié reconnaissante à ceux qui ont fait le sacrifice de leur sang et d'une partie de leur être pour la patrie. Un million et demi et davantage, c'est le trésor qu'à cette heure l'*Écho de Paris* a pu mettre à la disposition de la *Fédération nationale des Mutilés*. Encore, pour apprécier exactement la générosité de nos lecteurs, faudrait-il tenir compte des sommes qui, sans s'inscrire dans nos colonnes, sont allées directement à nos comités affiliés de province, et même à des organisations similaires que notre propagande, en quelque sorte à notre insu, a la satisfaction de favoriser. Que nos lecteurs et amis, une fois de plus, soient loués et remerciés. Le mérite de tout ce qui fut créé leur revient. Ils le partagent avec les remarquables organisateurs que, pour mon salut, il m'a été donné de trouver.

L'organisation, c'est la seconde étape d'une œuvre et c'est là que commence la difficulté. Trouver l'argent n'est qu'un petit problème auprès de cet autre qui se présente immédiatement : le bien employer.

Je vous ai mené un jour à travers les ateliers de notre *externat*, chez M. Kula, rue des Épinettes. Voulez-vous venir inspecter aujourd'hui notre *internat* du quai de la Rapée?

Celui qui l'a conçu et tout d'abord dirigé, le général Vieillard, notre éminent vice-président, vient de mourir et demain lundi nous le conduirons à sa dernière demeure. Je ne puis mieux lui rendre mon hommage qu'en écrivant l'article qu'il m'avait demandé sur sa chère maison et sur les grands blessés qu'il appelait ses « enfants ».

Il y a quatre mois, au cours d'une séance du Comité de Paris que préside Louis Barthou, le général Vieillard, qui avait été chargé de diriger l'installation de la Rapée, nous rendait compte de ses premiers résultats et des principes qui l'avaient guidé. Nous fûmes tous frappés par la simple clarté de cet exposé où tout était pour la pratique et qui révélait un homme méthodique n'ayant pas d'autre souci que de faire avec soin des choses utiles. Ce sens du positif, cette aptitude à l'action menue et continuelle, j'en ai constaté la vertu féconde en visitant la maison de la Rapée et en me rendant compte du bel ordre moral, de la paisible satisfaction qui y règnent.

Au terme de son rapport, dans ce style impersonnel qui est encore un renseignement sur l'abnégation, sur la modestie de ces hommes qui après avoir commandé au premier rang viennent servir obscurément les soldats, le général Vieillard écrivait : « Le vice-président du Comité est heureux de faire connaître que M. le général Gœtschy, ancien inspecteur général des travaux du casernement, sans emploi comme lui à son grand regret, vient de lui offrir un concours que le Comité ne manquera pas d'apprécier. Votre vice-président a trouvé là une collaboration susceptible de l'aider et de le remplacer au besoin ».

Phrase admirable de fermeté simple chez un malade qui se savait atteint : vue trop exacte sur un avenir prochain. C'est avec M. le général Gœstchy que je viens de visiter la maison du quai de la Rapée.

Une grande maison fort étendue, bâtie de bric et de broc, en matériaux légers, toute allongée en couloirs inextricables. « La première chose que j'ai faite pour m'y reconnaître, me dit le général Gœtschy, en me montrant un dessin d'architecte fixé au mur de son modeste bureau, a été de me dresser pour moi-même un plan. » Ah! ce n'est pas un palais, mais chaque blessé a sa petite chambre, chauffée par un radiateur, éclairée par l'électricité, une chambrette toute propre, de couleur bleue.

— Des nids de jeunes filles, mon général.

— Vous tombez juste, me répond-il. Ici, avant nous, c'était une pension pour des jeunes filles très modestes, qui, ayant à travailler dans Paris, voulaient le soir se grouper sous un toit familial. De là le caractère gentil et l'humble confort de ces installations.

— S'il avait fallu meubler toute la maison à neuf, me dit Mme Duhamel, nous aurions été entraînés loin.

Elle nous mène à la lingerie. Chemin faisant, laissez que je vous présente cette femme de cœur qui a bien voulu accepter la direction et la gestion de « l'hôtellerie », tandis que son mari se chargeait de la surveillance des ateliers et des cours. Je vous définirai M. et Mme Duhamel, et vous rendrai compte de l'estime où chacun de nous les tient, quand je vous aurai dit qu'après que leur fils unique, il y a quelques mois, est tombé au champ d'honneur, ils ont quitté leur intérieur confortable pour venir vivre avec les invalides de la guerre, et leur assurer une atmosphère d'affection réconfortante. Ils ne veulent plus vivre que pour les compagnons d'armes de celui dont ils ont l'honneur de porter à jamais le deuil.

Un tel fait, mieux que trente-six adjectifs. donne le caractère de cette vraie maison de famille. Dans la lingerie, une dizaine de dames sont en train de repriser et de ranger le linge des soldats. C'est le *Comité des Dames* organisé par Mme Edmond Archdeacon et dont Mme l'ambassadrice Geoffray a bien voulu accepter la présidence.

— Eh bien! mesdames, vos pensionnaires ont-ils beaucoup de linge?

— Oui, dit avec rapidité Mme Duhamel.

Mais elle a surpris des signes de dénégation que me font autour de leur table ces lingères de bonne volonté.

— Bah! dit-elle, n'écoutez pas ces dames. Elles voudraient toujours voir toutes leurs armoires pleines. Le linge qu'ont sur eux nos soldats, celui qui va aller chez la blanchisseuse, celui qu'elle va rapporter, les provisions que vous voyez là, ce n'est pas si mal. Pour aujourd'hui, c'est suffisant; le reste viendra à son heure et soyez sûr que nos enfants ne manqueront de rien.

Confiance et bonté, c'est parfait. Nous passons à la cuisine, au réfectoire, et naturellement, je m'informe du menu.

— Ma foi, me dit le général Gœtschy, je suis venu quelquefois à l'improviste prendre mes repas avec nos blessés. C'est excellent. Je voudrais qu'on me donne toujours chez moi la cuisine que leur sert Mme Duhamel.

— Alors vous nous ruinez, madame Duhamel?

On me met sous les yeux le bugdet officiel. Pour chaque homme, la dépense quotidienne ressort à 4 fr. 75, qui se décomposent comme suit : 1 fr. 25 pour les frais de rééducation; 1 fr. pour le loyer et les frais généraux; 2 fr. 50 pour la subsistance de chaque mutilé.

— Deux francs cinquante, et la vie chère! Mais comment faites-vous, madame?

Alors, sans nous regarder, d'une voix un peu bourrue :

— Ne vous inquiétez pas de cela. On y arrivera toujours.

Je comprends bien à demi-mot. C'est une variante émouvante du petit poème de Déroulède où l'hôtesse répond au soldat qui a scrupule d'accepter :

J'ai mon gas soldat comme toi.

Il faudrait que je puisse vous rétablir dans toute son humble réalité, avec son accent vrai et ses menues préoccupations positives, tout le dialogue du général et de la bonne Hôtesse, de pièce en pièce, tandis que nous montons et descendons les étroits escaliers et les longs corridors tapissés des portraits de Joffre et de ses principaux lieutenants, — enseigne toute indiquée d'une telle maison. Cette organisation n'offre rien de poétique, ni de romanesque, mais celui qui d'abord la trouverait vulgaire, triste, subirait le charme tranquille de ce bel ordre créé à force de bonté. Il n'est nulle part plus sensible que dans les ateliers.

Au début, nous avions pensé que nos pensionnaires pourraient apprendre leurs nouveaux métiers dans des ateliers en ville. Mais tout de suite nous avons vu le risque de ces sorties quotidiennes d'autant que plusieurs d'entre eux ne sont pas encore en état d'être munis d'appareils. Un essai, où pourtant ils étaient accompagnés de M. Duhamel, a montré combien le long trajet et le changement de métro, nécessaires pour aller jusqu'aux ateliers des Épinettes, était pénible et dangereux. Nous avons préféré installer à la Rapée des ateliers de tailleur, de cordonnier, de bourrelier et puis des classes d'écriture, d'orthographe, de calcul.

Beaucoup de ces vaillants jeunes gens ne se sentent pas de goût pour un métier manuel; ils désirent de petits emplois dans les services publics ou bien dans les chemins de fer, les tramways, les compagnies du gaz. Mais il y a des examens à passer. C'est à ces épreuves que nous les préparons. M. Saillard, ancien chef de bureau au ministère de l'agriculture, s'est chargé de nous organiser toute une série de petits cours. Sous sa direction, des maîtres variés reprennent l'instruction générale de nos pensionnaires, leur donnent quelques connaissances administratives, leur enseignent la dactylographie, la sténographie, la comptabilité. L'autre jour, quatre de nos élèves ont été reçus au concours ouvert par l'administration des contributions indirectes. Toute la maison s'est réjouie, comme une famille.

Quand je suis entré dans la petite salle où se fait le cours de calcul, un amputé debout sur sa jambe articulée était au tableau noir et de son unique main traçait à la craie une division. C'est un spectacle émouvant de voir ces hommes, les soldats de Joffre, les vainqueurs de la Marne, de l'Yser, de l'Artois, de la Champagne ou des Vosges transformer leur énergie et avoir le courage d'être comme des enfants qui s'appliquent. Voilà des vaillants qui ne doutent pas de la vie. Ils recommencent une existence. Cela est noble et doit prouver à nos donateurs que leur œuvre est bonne.

Au terme de ma visite, tous les grands blessés se sont réunis dans la plus grande salle (celle où ils jouent, le soir, aux dominos avec M. et Mme Duhamel), et nous avons causé. Ils m'ont dit une grande chose, c'est qu'après avoir travaillé pour le salut de la France, ils veulent maintenant travailler à son relèvement économique. C'est bien beau qu'ils aient cette idée dans la tête, qu'ils se comprennent comme utiles, toujours. C'est en effet de leur courage, un prolongement de cette vaillance qu'ils ont montrée sur le champ de bataille. Tous décorés de la Croix de Guerre ou de la Médaille militaire, ils savent qu'aux yeux de leurs compatriotes, désormais, ils sont l'élite française, et cette juste et paisible conviction les dédommage ou plus exactement leur est une ressource morale. Avez-vous remarqué le calme surprenant de visage et de mouvement qui caractérise ceux qui ont passé plusieurs mois dans les tranchées ? Ils en reviennent plus graves, plus maîtres d'eux-mêmes, ennoblis. Cela me frappe au plus haut point chez ces hommes que la mort a frôlés et respectés en les marquant. Ce n'est pas résignation, mais plutôt, ce me semble, un surcroît de puissance intérieure qui se possède.

Quand nous avons créé cette maison de la Rapée, nous avons d'abord redouté de la remplir difficilement. Les invalides, me disais-je, répugneront à l'internat. Eh bien ! non, ceux qui n'ont pas de famille à Paris, et surtout les originaires des départements envahis, préfèrent cette vie en commun avec leurs camarades. Privés ou éloignés de leurs parents, ils sont heureux de trouver un foyer à côté d'ateliers-écoles. Aussi la maison est-elle déjà trop petite. Il faudrait pouvoir créer une autre installation plus large.

Le général Vieillard me disait : « Tâchez donc de faire accepter l'idée de bourse d'apprentissage. A la Rapée, un mutilé nous revient à seize cents francs par an. Avec une bourse annuelle, l'apprentissage étant de six mois en moyenne, nous referions une existence à deux vaillants soldats ».

Et puis, pourquoi ne trouverions-nous pas

un bienfaiteur qui mette à notre disposition une propriété aux environs de Paris? Je fais un rêve, je vois une large habitation aux chambres nombreuses, de vastes communs que l'on puisse transformer en ateliers, un jardin étendu où quelques-uns de nos pensionnaires apprendraient le métier de jardinier...

VIII

OU EN SOMMES-NOUS?

A la recherche de l'unité d'action.

13 Décembre 1915.

Les gouvernements alliés ont parlé. Nous restons à Salonique et nous ferons tout le possible pour y tenir.

Qu'est-ce que c'est, « tout le possible? » Qu'est-ce que les Alliés veulent transporter de forces, et dans quel délai le peuvent-ils? Je n'en sais rien et je ne sais pas davantage quel effet aura sur la Roumanie notre installation prolongée à Salonique, non plus que les sentiments avec lesquels la Grèce va assister à la bataille sur son territoire.

La Roumanie et la Grèce sont à la fenêtre.

Elles regardent l'événement se dérouler. Qu'en pensent-elles? D'ici huit jours on le saura. Tout au moins pour la Grèce.

Maintenant, si l'on regarde l'échiquier dans son ensemble, la grande affaire, c'est que toutes choses traînent et que nous ayons le temps de mettre sur le pied de guerre les forces de la Quadruple. Dans cette saison, l'Allemagne ne pourra rien faire de décisif. Nous avons un délai suffisant pour nous ressaisir et organiser avec l'ensemble de nos ressources conjuguées un plan compréhensif d'attaque générale, je veux dire française, anglaise, italienne, russe, et sur les meilleurs points.

L'Allemagne comprend cette situation. Les succès qu'elle vient d'avoir la réjouissent et lui laissent des inquiétudes plus ou moins nettes. « Eh ! quoi, se disent confusément les masses populaires, eh! quoi, toujours des illuminations, toujours des bulletins de victoire, et toujours des privations qui s'aggravent! » Ses chefs craignent d'être submergés par leurs conquêtes mêmes.

L'Égypte, les Indes, le soulèvement de tout l'Islam, voilà leur plan. Mais ces entreprises ne vont-elles pas absorber vainement leurs hommes, leur matériel, leur argent? Dans l même moment où nous souffrons de constater chez nos dirigeants un peu de lenteur à concevoir le caractère mondial de cette guerre, les Allemands pressentent que tout de même la conquête du monde est impossible. Il faudrait qu'ils nous fissent peur, que l'un de nous au moins les priât d'arrêter la partie. Mais si nous continuons la lutte? Si le grand sabre qu'ils font tournoyer ne nous intimide pas? Si notre volonté n'a pas diminué?

Le peuple allemand souffre. Ses journaux ont trouvé une expression pédante assez drôle pour définir la situation ; ils disent que l'Allemagne est *sous-alimentée*. Cela, d'ailleurs, ne peut avoir aucune influence immédiate sur la guerre. La partie souffrante de la population ne décide rien. Jamais les peuples n'ont si peu compté. Seuls comptent le grand état-major et les prophètes pangermanistes. Ils sentent avec angoisse la difficulté de prolonger, contre des attaques bien concertées, leur immense effort trop dispersé, mais ils ne veulent rien lâcher des territoires qu'ils ont saisis. Là-dessus le chancelier, au Reichstag, une fois de plus, vient d'être net. Son jeu est de faire croire au peuple allemand qu'en août 1914 le gouvernement impérial voulait la paix, et qu'il la veut encore, mais quelle

paix? Il ne s'en cache pas : « La paix
avec des garanties. » L'orateur qui lui a
succédé a fait un pas de plus vers la
clarté : « Les seules garanties sérieuses, a-t-il
dit, ce sont les garanties territoriales. » On
traduit mal quand on nous raconte que les
Allemands demandent « une paix honorable »,
Ils demandent « une paix pleine d'honneurs »,
féconde en bénéfices. Ils demandent des hono-
raires pour leur peine. Exactement, ils sont
prêts à causer de la paix, à condition qu'elle
leur assure la suprématie dans le monde et
notamment qu'elle leur laisse nos territoires
qu'ils occupent et où se trouve le pain de
notre industrie, quasi tout notre charbon.

Voilà le fait. Ils ne veulent traiter qu'en
nous tenant sous leurs pieds. Veillons donc
à organiser notre défensive et à nous mettre
en état de reprendre aux Allemands les conquêtes qu'ils ont faites. Pour l'instant, nul des
pays de la Quadruple n'est exposé à une
offensive victorieuse de l'Allemagne, et
quant à ce qui concerne la libération des gages,
la question se posera au printemps d'une
nouvelle manière, si nous avons bien travaillé.

Le travail, cet hiver, sera d'organiser la
levée en masse de la Quadruple. Les Allemands ont fini leur mobilisation; ils ne

peuvent plus y adjoindre que leurs Turcs récents. Mais sur certains points nous l'avons à peine commencée. L'inventaire et la mise sur pied de guerre de nos forces totales, c'est la besogne pressante. Et nous sommes en état d'arrêter toute offensive décisive de l'Allemagne aussi longtemps que dureront ces opération de renforcement.

La nouvelle distribution des pouvoirs militaires en France va nous aider à harmoniser les ressources et les intérêts de la coalition. Le général Joffre devient le stratège unique de la France. Il garde toujours le commandement des armées du Nord-Est, mais il y joint la direction supérieure de nos armées sur tous les fronts. Au-dessous de lui, le général de Castelnau, le sauveur de Nancy, s'occupe du tout avec lui, et devient son metteur en œuvre. Cette division du travail est l'effet d'une connaissance plus exacte du problème à régler. L'unification du commandement français va permettre de mieux accorder notre action avec toutes les actions de nos Alliés.

Voilà dix-sept mois que nous souffrons du manque de préparation. En août 1914, nous lui avons dû une invasion dont nous n'avons encore pu nous libérer, et, en janvier dernier, je suppose que c'est toujours le manque de munitions qui nous a empêchés d'ouvrir dans les Balkans le troisième front qu'un de nos gouvernants avec clairvoyance réclamait. Nous avons maintenant quatre mois devant nous pour procéder, après que nous nous sommes, en France, assez bien organisés, à l'organisation de la Quadruple, je veux dire à la répartition des hommes et des choses et à leur coordination. Ici l'on a plus d'armes que d'hommes; ailleurs plus d'hommes que d'armes. Mais ce n'est pas tout de mettre en commun, de verser au tas les ressources matérielles. Il s'agit de perfectionner notre harmonie de pensées, de sentiments et de visées. Cet échange matériel et moral, cette étroite solidarité bien raisonnée, aboutiront à mettre en mouvement sur un plan commun, pour le printemps prochain, des armées formidables et tout un ensemble de ressources auxquelles ne pourra pas résister une Allemagne étendue d'Arras à Bagdad.

IX

L'ÉTAT DE GUERRE LENTE

15 Décembre 1915.

Nous avons échappé à l'encerclement. Cette avant-garde, hier exposée, se replie heureusement sur Salonique. C'est aujourd'hui ou demain que nous saurons si les Bulgares franchissent la frontière grecque. Nous allons recevoir le choc. Bien fol qui s'entêterait à rien espérer des Grecs. Ce serait vouloir se leurrer soi-même. Leur roi a fait ses conventions avec le Kaiser. « Après la guerre, lui a dit celui-ci, vous aurez ceci et cela ». Il y a des Allemands à Monastir pour marquer que ce n'est pas une prise bulgare. Quel morceau d'Albanie y joindra-t-on ? En échange de ces promesses, le roi Constantin a fait le jeu allemand tant qu'il a pu, comme il a pu. Il a mobilisé pour arrêter le mouvement vénizélien. Ses soldats ne pourront pas paraître aux élections, ni même s'enthousiasmer; en outre, ils ont encombré les routes, les chemins de fer, entravé, le plus qu'ils ont pu, nos mouvements.

5.

« Laissez-moi rire, m'écrit un correspondant, un ami dont la sagesse depuis le front ne se lasse pas d'enrichir ces articles, laissez-moi rire des rappels que nous faisons à la Grèce des services que nous lui avons jadis rendus. Avons-nous oublié : 1° que le présent seul compte pour les collectivités et que les corps, comme dit Vigny, n'ont pas d'honneur : 2° que les services rendus créent surtout la reconnaissance du bienfaiteur et guère celle de l'obligé. Labiche a déjà démontré cela dans le *Voyage de M. Perrichon*, et je m'excuse à peine de citer, d'une même plumée d'encre, deux auteurs aussi disparates, puisque l'un a bien vu la commune nature humaine et que l'autre s'est toujours tenu en liaison avec ce qu'il y avait de plus haut dans les facultés supérieures de l'esprit et du cœur. Pour des instables comme le sont les faibles, les momentanés, les bavards, le prestige de la force apparente est impérieux : montrons-nous forts et les satellites suivront. Seulement, pour cela, il faut avoir de la consistance et ne pas s'épuiser en apparences de nébuleuses : la gravitation n'opère qu'à ce titre... »

Foin des récriminations ! Nous allons recevoir le choc, et nous sommes en mesure. L'heure guerrière a sonné. Tout s'accomplit maintenant. Il est trop tôt ou trop tard pour raisonner davantage sur les Balkans. Les faits ont la parole.

Cependant, appliquons-nous à discerner le caractère des événements ; comprenons la logique des choses qui se déroulent, l'esprit, l'idée qu'elles renferment, et tâchons que notre intelligence ne soit pas seulement la faculté de critiquer les actions d'autrui, mais un organe d'action. Il faut de plus en plus se dire en haut lieu que les choses doivent être prévues pour la durée, durée de l'armée et durée du pays, au cours de longs épisodes.

Dès la fin de 1914, j'écrivais ici : « Le tout va durer longtemps, à moins d'événements imprévus. Nous habituerons-nous à admettre une longue période de guerre? Faudra-t-il en venir à une organisation différente de la France mobilisée, pour faire durer à la fois la résistance, ou l'offensive lente du front, et les services indispensables de l'intérieur? L'Empire romain derrière ses *castella* maintenait ses frontières et se trouvait dans l'état de guerre lente qui deviendra peut-être — qui sait? — le nôtre pour de longs mois. N'allons-nous pas être obligés d'accoutumer nos lecteurs à cette idée que, dans certaines conditions, l'état de guerre n'est pas moins normal que l'état de paix? »

Ce sont là de ces vues qu'un écrivain ouvre en passant et qui n'auraient toute leur valeur que si elles étaient traduites d'une manière pratique par les dirigeants, les chefs de la Défense nationale.

Les Boches font de cette guerre une lutte de rendement intensif. Notre propre façon de considérer l'art militaire nous prépare-t-elle à leur faire face avec toute la variété d'efforts qu'il faut?

Ce qu'il faut, c'est la mobilisation entière du pays et non seulement de l'armée, c'est qu'une volonté supérieure, un animateur conçoive et désigne toutes les positions, tous les terrains, dans tous les ordres, qui doivent être occupés pour le bien de la Défense nationale. Un immense avantage dont nous disposons, c'est la liberté des mers. Encore faut-il l'utiliser. Notre commerce d'exportation est plus que médiocre. Nous pouvions en lire hier les résultats dans la statistique des douanes. Une nécessité urgente dans notre pays agricole et privé par l'occupation étrangère d'une si grande partie de ses ressources industrielles, c'est de laisser à nos champs et à nos industries des moyens de produire. Y songeons-nous efficacement?

Le *Daily Mail* disait l'autre jour (je résume)

« Trop de monde au front, trop de monde
aux dépôts, trop de monde dans les bureaux. »
C'est vrai surtout des Anglais ; il y a une
supériorité numérique écrasante d'Anglais et
de Belges, en face des tranchées allemandes ;
mais c'est à méditer par nous tous.

Les commandants de région ont le droit
d'appeler au fur et à mesure de leurs besoins
les hommes des services auxiliaires jusqu'à la
classe 1891 inclus. S'ils procédaient avec bru-
talité, s'ils allaient au bout de leur droit, nous
arriverions à l'épuisement du pays. Il est bon
que l'on se rende compte des nouvelles conditions de guerre où, peu à peu, nous sommes
entrés, et que l'on sente que plutôt que d'appeler de nouveaux hommes à l'armée, il serait
souhaitable de pouvoir relier davantage
l'armée aux travaux de l'intérieur.

Les auxiliaires ne pourraient-ils pas être appelés, employés, dans les villes les plus proches
de leurs résidences normales ? Un homme
qui fournit dans les bureaux ce que l'État lui
demande peut encore donner utilement un
ordre, jeter un regard sur ses propres affaires.
N'aurait-il que le dimanche pour conseiller sa
femme, son remplaçant, voilà ses intérêts sau-
vegardés. Je connais tel commerçant de qui
dépendent quarante employés ; il est absent,

ils ne valent plus rien ; s'il revient le dimanche, cela suffit, et voilà une force maintenue pour l'activité nationale.

Peut-on aller plus loin? Les Allemands ont commencé, il y a longtemps, leur organisation des permissions, et certaines compagnies ont aisément 25 hommes absents à la fois pour 15 jours. Qui sait quelle modalité nous devrions nous ingénier à trouver si notre guerre tournait plus encore à la guerre de siège? A l'abri des merveilleux sacrifices qu'il faut célébrer, derrière les holocaustes dont nous ne commémorerons jamais assez la grandeur, faudra-t-il inventer un régime de vie où ce pays, tout en continuant la lutte, ferait valoir ses ressources, quelque chose comme un roulement de certains hommes qui seraient par périodes des combattants, des agriculteurs, des industriels? Être là au danger, à l'heure des collaborations décisives, ne devrait pas empêcher la meilleure utilisation des hommes, qui sont qualifiés pour créer par leur travail des ressources, alors qu'on peut les remplacer provisoirement là où ils sont.

Ce sont là des vues, rien de plus, que je soumets aux spécialistes. Mais le moment n'est-il pas venu que les militaires et les administrateurs et les hommes politiques

s'élèvent, chacun, au-dessus de leur techni-
cité spéciale et qu'ils arrivent à une conception d'ensemble, appropriée à cette guerre
exceptionnelle, où le moyen d'assurer la victoire, c'est que la France paraisse à tous en
situation de tenir indéfiniment?

X

LES DEUX CAMPS

Propagande à l'étranger.

16 Décembre 1915.

Nous reprochons à nos dirigeants de n'avoir
pas vu rapidement le caractère mondial de
cette guerre, de s'être attardés à croire que ce
qu'ils avaient connu recommençait et qu'il
s'agissait d'une nouvelle guerre franco-alle-
mande. Ils se font lentement à l'idée que nos
400 kilomètres de front français sont une aile
et parfois un pivot, un barrage épisodique
dans la lutte engagée. De notre point de vue
français, certes, c'est bien là que se joue immédiatement notre vie ou notre mort. Mais
du point de vue de l'ensemble, quel rang ne
faut-il pas donner à des questions telles que

celles-ci : les Indes échapperont-elles à la domination anglaise? la colonisation des États-Unis du Centre par les Allemands sera-t-elle compromise? la Turquie d'Asie va-t-elle être soustraite aux entreprises allemandes?

C'est à juste titre que nous nous étonnons aujourd'hui de la difficulté qu'eurent les quatre gouvernements à prendre une intelligence complète du caractère universel de cette lutte. Mais nous-même, dans notre sphère modeste, avons-nous cherché suffisamment à élargir l'horizon de ces articles? Notre rôle d'écrivain, dans la mesure où nous sommes capable de le remplir, est de faire passer dans le plan de l'intelligence nos impressions et nos renseignements. Dans ces commentaires quotidiens, n'avons-nous pas, d'une manière un peu exclusive, des préoccupations locales? Sans doute, il nous a été donné de fournir des indications sur l'état d'esprit aux États-Unis, en Espagne. Mais il faudrait qu'une observation sûre nous permît de noter les analogies, de relier les cas particuliers à des faits généraux et de saisir l'intervention de causes remontant à un lointain passé. L'univers est mobilisé. Si mes lecteurs m'y encouragent, j'essayerai par intervalles d'étudier avec eux comment, chez les neutres même, sont en lutte les idées qui s'incorporent dans la Quadruple-Entente et dans la Germanie.

Aujourd'hui j'ai sous les yeux des notes sur la guerre mondiale chez les peuples américains, dans la République Argentine, dans l'Uruguay, au Chili, au Pérou, notes appuyées sur une analyse méthodique de leurs journaux. Voulez-vous que nous prenions une idée de leurs tendances?

Dans l'ensemble, on a l'impression que ces journaux craignent de s'affirmer nettement, et qu'ils sont tenus en bride. Même les plus francophiles sont gênés dans l'expression de leurs sentiments et obligés de redouter les franches attitudes de combat. Bien souvent, c'est aux nouvelles allemandes qu'ils donnent le plus de relief et d'importance. Pourquoi? Parce que les informations de source allemande et autrichienne sont mises avec abondance à leur disposition, tandis que celles de la Quadruple leur arrivent assez chétivement. Et du côté des Alliés, Londres tient une bien plus large place que Paris. Cette insuffisance des informations de source française risque de diminuer aux yeux de l'étranger le rôle que nous jouons dans la guerre actuelle et de donner à notre pays une figure de second plan. A cette faute de notre organisation, il faut joindre que dans ces divers pays la société allemande, dont la situation matérielle est très forte, pèse sur la presse d'un poids lourd. Il est de notoriété publique que la *Nacion*, le grand journal de Buenos-Ayres, a été menacée de se voir retirer la publicité des banques et du commerce allemands pour sa sympathie envers les Alliés. C'est à nous qu'il appartient, pour le succès de notre cause, de dégager de ces entraves la pensée sud-américaine.

Cette pensée, en effet, nous serait aisément toute favorable. Les Sud-Américains voient sous le commerce allemand la mainmise de la politique allemande. Le négociant de Brême est un soldat d'avant-garde. Ces peuples épris de liberté et dont l'amour-propre national frémit aisément, redoutent l'exploitation étrangère; ils prévoyent, dans une victoire allemande, une menace pour leur indépendance : « Ceux qui connaissent l'Allemagne, écrit un journal de l'Uruguay, *El Dia* (24 octobre), savent qu'il y a en elle une bonne chose : l'organisation. Puisqu'elle est bonne, tous les pays doivent faire ce qu'ils peuvent pour se l'approprier. Mais ils savent aussi qu'il y a en Allemagne une mauvaise chose : le désir de se servir de l'excellence de cette organisation pour opprimer et exploiter les autres. »

Paroles à méditer. Ces peuples voient que, pour l'Allemagne, le commerce est une arme de domination. Pour échapper à ce danger d'enveloppement, ils se tourneront, si nous savons les y aider, vers la France, dont l'esprit les séduit et que recommande une tradition de libératrice.

Notre génie de liberté est plus goûté dans ces pays que l'absolutisme terroriste de l'Allemagne. Leur tempérament les porte vers la France, parfois avec une admirable ferveur. Ce n'est rien là de superficiel, mais une idée profonde, et qui prend de la force chez eux à mesure qu'ils voient s'ouvrir les perspectives de leur avenir : l'idée de l'unité de la race latine et de la supériorité de son génie. Les Sud-Américains croient qu'il existe dans le monde une société de nations unies par la même culture, dont la Grèce fut l'inspiratrice, et, supposant quelquefois que cette guerre pourrait épuiser en Europe les puissances latines, ils se demandent si la responsabilité de maintenir l'héritage sacré de la civilisation latine ne va pas leur incomber. Qu'ils pensent et parlent ainsi, c'est bien la preuve qu'ils se sentent appelés par un autre idéal que l'idéal de la culture allemande. Ils ont choisi d'eux-mêmes entre deux génies, entre une organisation qui, par sa force même, devient fatalement oppressive, et un esprit de liberté, plus souple, qui sut autrefois ordonner le monde sans l'asservir. Ils se refusent à penser que la puissance vaut par elle-même, et ils sentent que l'Allemagne rêve d'organiser l'humanité nouvelle sur ce contre-sens. C'est par là que leur génie latin, habitué à voir dans le monde l'action des énergies spirituelles, tend à se dérober à la propagande allemande et à rallier le camp de la Quadruple, où nous combattons pour notre liberté et pour la liberté des civilisations.

En résumé, pour tout dire en deux lignes claires, dans ces pays sud-américains, la situation de la France est moralement forte, matériellement faible. La réciproque est vraie pour l'Allemagne.

Disons-le en passant, le temps n'est plus où la France pouvait se satisfaire à ce compte. Voici quelques lignes brillantes d'un journal du Pérou (*El Comercio*, du 17 octobre) qui définit, avec beaucoup de talent et d'amitié, le Français tel qu'il était peut-être, tel qu'il ne veut plus être au sortir des tranchées.

La puissance allemande est écrasante, mais l'âme française est déconcertante. Race latine qui transforme en matière et en force l'énergie spirituelle la plus subtile, la plaisanterie et l'ironie pour l'opposer à la férule de l'Allemagne organisée. Soldat de France, soldat incompréhensible, soldat étrange, qui combat comme un lion, et sourit comme un sceptique, qui ne croit en rien et se sacrifie pour la patrie, qui, le rire aux lèvres, monte à l'assaut des tranchées, agonise avec la sérénité dans ses yeux, et meurt comme un martyr.

..... Ces soldats ironiques et libres, ces héros du courage souriant, opposent la force indomptable de leur esprit lumineux au pouvoir de fer des Allemands. Et depuis la Marne, les Allemands n'avancent pas en France.

Nous qui sommes latins, indisciplinés et sceptiques, recueillons l'enseignement moral de cette guerre; les races sans organisation apparente et libres peuvent être grandes si elles transforment l'ironie en courage, la liberté en initiative, et le scepticisme en mépris de la mort.

Certes, l'écrivain qui parle ainsi montre toute une sympathie ardente à notre endroit; mais ce qu'il a connu et qu'il décrit d'une façon charmante, ce Français qui oppose « la force de son esprit au pouvoir de fer », ce n'est plus celui d'aujourd'hui ni de demain. Cette conception, c'est dans les tranchées qu'on en paye l'erreur. Nous n'avions ni obus, ni canons lourds, ni service d'aviation. Si nous avions été prêts, comme l'étaient les Allemands, la guerre aurait été finie en deux mois, et cinq cent mille Français seraient encore en vie. Cela, le soldat qui est dans les tranchées s'en rend compte. Il sait par quels prodiges on parvient à parer aux difficultés, à créer des cadres, à augmenter le rendement des magasins administratifs d'habillement et de campement, et celui des usines de matériel de guerre. Il comprend que notre génie d'improvisation, grâce auquel nous sommes en train de nous débrouiller et d'obtenir tout de même la victoire, nous obligea à trop de sacrifices. Il est arrivé à chaque soldat et à chaque famille des choses qui les contraignent à réfléchir sur les organisations méthodiques, minutieuses et puissantes des Boches.

Ces réflexions, peu à peu, on les fera dans l'univers entier. Notre expérience profitera à l'Esprit humain qui, rejetant avec horreur la manière impitoyable de l'Allemagne et sa régression vers la bestialité, comprendra que pour défendre l'Esprit contre la Bête il faut toutes les ressources matérielles et le sens de l'entreprise.

On se prend quelquefois à se demander si nous n'assistons pas à une lutte extraordinaire, comme entre deux espèces animales, entre l'organisation germanique et l'improvisation celtique et slave, animée par bonheur de ferments capables, eux aussi, de produire de l'organisation. Ah ! pour prendre le point de vue, le langage cher aux pays sud-améri-cains, soyons Latins. Je veux dire : propo-sons-nous de restaurer parmi nous les disci-plines latines.

Un des esprits les plus solides de l'Univer-sité, mon compatriote vosgien Fernand Bal-densperger, professeur à la Sorbonne, éditeur et commentateur d'Alfred de Vigny, m'a raconté jadis une conversation qu'il venait d'avoir avec un savant russe, M. T..., dont il était le voisin dans un banquet solennel à Glasgow.

— Si l'Angleterre disparaissait, lui disait le Russe, ce serait, malgré tout, l'idée de li-berté qu'elle aurait laissée au monde. ne croyez-vous pas?

— Probablement, répondit Baldensperger, et c'est sans doute l'idée d'égalité que la France aurait surtout « lancée ». Mais la Russie, là-dedans?

— Oh! il n'est pas douteux que la frater-nité, malgré les apparences, soit la notion profonde la plus analogue à l'âme russe...

— Et ainsi, continuait mon ami, il aurait fallu trois ensembles de civilisation pour con-crétiser à fond les trois termes d'une formule que nous avons cru nôtre, à nous tout seuls.

— Oui, mais l'Allemagne, là-dedans : si elle disparaissait, qu'est-ce qui, issu d'elle, continuerait à vivre dans le monde des notions directrices?

Les deux professeurs convinrent assez vite que c'était assurément l'idée d'organisation qui sortirait coûte que coûte de la formidable Germanie, qu'ils connaissaient bien l'un et l'autre.

Reprenant plus récemment ces idées avec Baldensperger, il me citait la puissante parole d'Aristote : « Tout être vivant meurt par l'exagération du principe qui déterminait son existence. » Puisse le génie de l'organisation être, comme nous le pressentons, le Moloch dévorateur des foules germaniques! Nous et nos alliés et nos plus lointains amis, tout notre camp, nous durerons dans le monde autant que nous aurons su passer de la douce liberté à la constriction nécessaire et vigoureusement nous discipliner.

XI

L'ALLEMAGNE EN ASIE

19 Décembre 1915.

Que trouvera l'Allemagne en Asie? A la veille même de la guerre, je suis allé, par terre, de Beyrouth à Constantinople, et j'ai circulé de-ci de-là jusqu'à l'Euphrate. Ne parlons pas des vastes espaces désertiques. A l'ordinaire, pour quelques petits maigres champs, je voyais de longues friches ou des pâturages à demi-incultes. Ceux qui connaissent le pays me disent qu'on n'y trouvera pas de céréales ; il en fournit juste pour la consommation sur place. Mais un peu d'orge et de coton et puis des moutons. Moins cette année que les autres années, parce que le travail agricole n'a guère été fait. Les hommes manquaient, et surtout ce n'était pas la peine de produire pour que des pillards emportassent le tout sous prétexte de réquisition.

Sans doute diverses régions furent et seront d'une admirable fertilité, mais sur les rives

de l'Euphrate il faudrait rétablir les canaux
d'irrigation, ailleurs il faudrait repeupler le
pays, partout il faudrait du temps.

On parle de mines. Comment les exploiter?
Où trouver immédiatement de la main-
d'œuvre utile? L'Asie a-t-elle des hommes?

A défaut de produits qui puissent la nourrir, l'Allemagne va-t-elle trouver des soldats,
et cette retentissante conquête, qui ne pourra
pas retarder sa disette économique, lui per-
mettra-t-elle de réparer l'usure de ses effectifs?

On peut évaluer à vingt millions la population de l'Empire ottoman. Là-dessus, il y a
sept millions de nomades insaisissables, des
tribus arabes dont on n'a jamais rien fait.
Restent treize millions de gens qui donne-
raient, selon la proportion admise, treize cent
mille soldats. Mais comment mobiliser des
chrétiens avec des musulmans! Si les Allemands exécutaient ce tour de force, réputé
impossible, ils ne trouveraient dans ces chrétiens d'Orient que des soldats paniquards.
Écartons-les. Nous arrivons au chiffre de neuf
cent mille hommes, dont il faut défalquer
tout ce qui a été tué, mis hors de combat par
les guerres des Balkans de 1912 et 1913 et
puis depuis un an, et nous arrivons ainsi à
cinq ou sept cent mille hommes... Mais, per-

mettez! Il faut d'abord les rassembler, les armer, les encadrer, et puis les transporter.

Il y a des personnes pour s'imaginer qu'elles verront venir des fez en Flandre, en Champagne ! Ces difficultés morales et matérielles quasi insurmontables empêchent d'amener sur notre front aucun de ces Asiatiques, qui sont loin d'être enchantés de l'effroyable aventure où ils se sont trouvés précipités par leur gouvernement. C'est après demain, dans la vallée du Tigre et sur le canal de Suez, et puis plus tard sur le Caucase, que l'Allemagne pourra employer ces malheureuses gens qui désirent et méritent un meilleur sort.

Ce coûteux effort sera-t-il rémunérateur pour l'Allemagne ? C'est une question. Voyons d'abord comment elle a conçu et dessiné sur le terrain même, en Asie, son ambition pangermaniste dont ils sont devenus les forçats.

Par le Danube et la Bulgarie, le matériel de Krupp et le reste sont arrivés à Constantinople. En route pour Bagdad et Suez.

De Constantinople, par Konia, jusqu'à Bozanti au pied du Taurus, nulle difficulté. Ces mille kilomètres se parcourent aussi commodément que sur nos meilleures lignes. A Bozanti, le tunnel du Taurus n'étant pas terminé, il faut franchir le col à cheval ou en

voiture et gagner ainsi Tarse, patrie de saint
Paul, célèbre encore par les amours d'Antoine
et de Cléopâtre. J'ai fait le trajet en vingt-
quatre heures, parce que rien ne me pressait
et qu'il m'a plu de dormir par une belle nuit
sur le bord de la route, mais je n'ai eu en
réalité que dix heures et demie de voiture. La
route, qui passe par les fameuses portes Cili-
ciennes, si resserrées que l'on se figure qu'on
pourrait les fermer en ouvrant les deux bras,
est étroite, mais excellente, et je ne vois pas
trop ce qui empêcherait d'y mettre un rail
de fortune. Du pied de la montagne pour
arriver à Tarse, il y avait en 1914 deux heures
et demie de terrain plat, mais maintenant le
chemin de fer doit exister. En tout cas, je
l'ai employé de Tarse à Adana, puis à Alexandrette, en traversant le fameux champ de
bataille d'Issus.

De ces commodités matérielles que j'in-
dique, il est permis, je pense, de conclure
qu'à Alexandrette tout doit avoir été apporté
et mis en place de ce qui peut rendre difficile un débarquement des Alliés. Cette ville
insupportable de moustiques et de fièvre est
toute dominée, elle et ses marécages, par des
hauteurs sous lesquelles nos soldats dépé-
riraient. Mais ceci, je le dis en passant et

m'inclinant devant toute compétence. Je ne prétends apporter que des notions certaines sur la facilité du voyage tirées de mon expérience.

D'Alexandrette à Alep, j'ai fait le trajet en voiture, en franchissant les célèbres portes Syriennes par dessus l'Amanus. J'ai dû coucher en route ; les deux étapes étaient dures dans des pays empestés de paludisme ; on ne retrouvait le chemin de fer qu'à une heure d'Alep. Mais au cours de cette guerre, les Allemands ont terminé le tunnel de l'Amanus, et maintenant c'est sur la voie ferrée que leurs convois militaires gagnent Alep.

D'Alep, je suis allé par le train à Djarablis, sur l'Euphrate. On achevait de construire le pont, et pour remercier leurs ouvriers indigènes, les Allemands venaient d'en précipiter un certain nombre dans le fleuve jaunâtre et désolé. Sur l'autre rive, à cette heure, il y a une centaine de kilomètres en exploitation, et puis un trou de neuf cents kilomètres environ, après quoi on retrouve un rail de cent kilomètres qui conduit, si je ne me trompe, en gare de Bagdad. (Il y a au monde un individu qui est M. le chef de gare de Bagdad !)

Au résumé, de Constantinople on va tout droit par le train, à cent kilomètres au delà de l'Euphrate, sans autre peine que de franchir le Taurus en voiture sur une bonne route.

C'est de l'Euphrate à Bagdad que l'armée de von der Goltz pacha trouvera, ce me semble, ses premières difficultés. Le voyageur « qui a des bagages » fait ordinairement le grand tour par le nord, par Diarbékir, d'où il peut descendre le Tigre par Mossoul jusqu'à Bagdad, encore que les rapides y soient dangereux. Mais pourquoi les Allemands ne recourraient-ils pas à la piste plus courte suivie par les caravanes. Elles mettent habituellement dix-huit jours à cheminer d'Alep à Bagdad. Pourquoi même ne se serviraient-ils pas de tracteurs mécaniques? Quand j'étais là-bas, on m'a offert de me mener à Bagdad en automobile. Un Beyrouthin avait réussi l'aventure. Sa voiture était éreintée, hors d'usage ; il avait eu trente-six pannes et désastres, mais elle était arrivée, et, en défalquant les heures perdues en réparations, il avait mis tout juste huit jours. Si l'on avait pu m'assurer une voiture de secours, j'aurais considéré l'expédition comme raisonnable. Cela ouvre des vues sur la manière dont von der Goltz peut organiser son affaire.

Mais on n'a pas tout dit, en montrant qu'il peut établir des bases de ravitaillement à

Bagdad. De là il lui reste à agir. S'il se propose de mettre la main sur les immenses raffineries d'huile de pétrole de l'île d'Abadan, précieuses à la marine britannique, ou plus encore de ruiner le prestige de l'Angleterre devant les sables sacrés et les sanctuaires de Kerbela, où le clergé chiite observe la lutte, il lui faudra balayer sur une profondeur de six cent cinquante kilomètres, dans la Basse-Mésopotamie, des troupes que ravitaillent le golfe Persique et les grands fleuves. Arriver là-bas, c'est bien. Mais obtenir un résultat?

Tout cela est monté de manière à frapper l'imagination. C'est du genre Zeppelin ; on n'en voit pas trop l'effet. L'effort est saisissant, colossal, si vous voulez, et puis après? Ces immenses conduits donnent un débit fort mince. Retournons du côté de l'Égypte, nous verrons que là aussi les Allemands sont en mesure d'amener de Berlin un matériel, mais qu'il semble bien que ce soit des gouttes d'eau dans le désert.

Il faut que nous revenions à Alep. C'est d'Alep que se détache la série des utilisations et des raccords que l'on peut appeler le chemin d'invasion de l'Égypte.

D'Alep, le chemin de fer français bien connu mène, par Hama et Homs, après un transbordement à Reyack, dans la divine Damas. Là commence la ligne sainte, la ligne des pèlerins de la Mecque, dite ligne du Hedjaz, qui va actuellement jusqu'à Médine. En cours de route, cette ligne, par leurs soins, vient d'être raccordée à Jérusalem. Jérusalem avait déjà son chemin de fer jusqu'à Jaffa, et de Jaffa une piste de caravane va, le long de la côte, par Gaza, au canal de Suez.

En outre, la ligne sainte de Médine mène à Maan, d'où une piste de caravane, passant par Akaba et le Sinaï, atteint Suez...

Tout ceci, c'est ce dont nous sommes sûrs. Mais c'est un minimun. Peut-être les Allemands sont-ils en train de prolonger ces voies ferrées vers l'ouest, soit de Jérusalem, soit de Maan. Là-dessus manquent les renseignements certains, et le plus récent article du *Berliner Tageblatt*, écrit par son correspondant de Turquie, publiait d'évidentes erreurs.

Comment les Allemands, durant la guerre, et alors qu'ils n'avaient pas leur libre parcours de Berlin à Constantinople, ont-ils pu exécuter ces travaux? Ils ont démonté cent kilomètres de voies que la Compagnie française de Beyrouth-Alep-Damas avait construits de Damas à Mzerib (et qu'ils ont trouvé fort agréable de détruire car elle concurrençait leur ligne du Hedjaz), et puis ils avaient amassé des rails en vue de prolonger de Médine à La Mecque cette ligne du Hedjaz. Ah ! sur tous les points du globe, ces prévisions de l'Allemagne et la variété des prétextes qu'elle savait trouver à ses préparatifs de guerre !

Quant à les admirer, comme font les journaux allemands, d'avoir « construit à double voie les lignes de Syrie », leur mérite serait mince. Nos chemins de fer de Syrie, qu'ils nous ont volés, bien que n'ayant qu'une voie, sont calculés et préparés pour en recevoir deux. Les Allemands n'auraient eu qu'à poser les rails. Mais pourquoi ? Ils veulent vraiment trop nous faire croire que leur richesse en matériel doit écraser sous son poids les lignes de l'univers entier et qu'ils ont des millions d'hommes à envoyer dans tous les sens ! Il y a dans leur cas du charlatanisme.

Voilà donc les Allemands à même d'envoyer au seuil du désert de Suez, comme en Mésopotamie, quelques produits de Krupp. Mais le désert, entre la Palestine et l'Égypte, s'étend sur deux cent cinquante kilomètres. Comment le traverser ? A la rigueur, on pourrait y mettre un rail. Mais pour une locomotive il faut beaucoup d'eau. Leurs archéologues qui ne cessent de promener dans tous les sens, à travers l'Asie, leurs curiosités variées (je vous parlerai un jour de ce que j'ai vu de la mission Oppenheim), ont-ils fait les sondages qui permettraient de creuser utilement des puits? Les Pères qui ont l'habitude d'organiser les caravanes de la Terre Sainte au Sinaï et à l'Égypte disaient il y a un an, à celui qui les interrogeait, que la traversée du désert pour une armée était impossible. Le fait est, pourtant, que l'armée turque a passé. Mais était-ce une armée? Des bandes trop faibles pour agir sur l'Égypte. L'armée de Djemal, dont Mackensen prend le commandement, pourra-t-elle surmonter, si elle est encombrée de l'attirail d'une guerre à l'allemande, ces deux cent cinquante kilomètres de sable qu'avaient péniblement franchis des bandes musulmanes à l'avance sacrifiées? L'événement nous le dira. Tout présage qu'elle arriverait fatiguée, inquiète de ses derrières, et pour trouver, cette fois, des organisations défensives qui ne permettront plus de franchir le canal.

En réalité, toutes ces opérations allemandes sont remarquablement dessinées par des gens d'imagination qui savent tirer de leurs ressources tout ce qu'elles renferment et un peu plus encore. C'est superbe d'arriver de Berlin au Sinaï et à Kerbela pour exécuter des plans allemands avec des moyens allemands, et l'on serait d'abord tenté d'accuser d'infériorité l'intelligence de la Quadruple. Mais s'il se trouvait qu'il y eût de la mégalomanie dans le cas allemand, l'apparente timidité des Alliés serait toute justifiée, et leur réserve deviendrait la saine raison.

Dès maintenant, il saute aux yeux qu'il y a une part considérable de charlatanisme dans ces préparitifs bruyants du Kaiser. Il dit qu'il veut en finir avec l'Angleterre, en se jetant à la fois sur Calais, sur Suez, sur les Indes. Je crois que plus immédiatement et plus simplement il va tenter de se jeter sur Salonique. En Asie, son plan est de faire illusion. Il veut à la fois tromper son peuple et l'Islam. Il cherche à se donner en Égypte et aux Indes un prestige supérieur à celui de l'Angleterre. Il espère intimider et éblouir plutôt qu'arriver à frapper. Son grand effort, c'est pour mettre en mouvement l'esprit religieux de l'Islam.

Mais de cela, nous parlerons demain, car je crains de m'être laissé entraîner par ces questions passionnantes d'Asie.

XII

LA GUERRE SAINTE DANS L'ISLAM

20 Décembre 1915.

Les Allemands sont contents de savoir que leur Kaiser prépare une armée d'Égypte et une armée des Indes et qu'il achète une grande quantité de chameaux. Cette satisfaction de son peuple, c'est un résultat immédiat, digne d'intérêt aux yeux de l'empereur : avec une application singulièrement révélatrice de ses inquiétudes, il se préoccupe sans cesse de fournir des aliments aux imaginations germaniques ; mais des espérances déçues se retournent contre le prometteur, et ce n'est pas tout d'annoncer la conquête de l'Égypte et des Indes ; il faut les conquérir.

Où le Kaiser, qui sait ce que lui préparent l'Angleterre, la Russie, la France et l'Italie, se voit-il les loisirs et les ressources pour faire l'Alexandre en Asie ? Nous ne cherchons pas à diminuer la valeur des moyens que son état-major a su constituer à Damas et sur le Tigre. Les opérations ont été préparées d'une manière ingénieuse et puissante. Il reste à opérer. De grandes difficultés ont été vaincues. Mais l'Angleterre, pas. Et si disposé que l'on soit à admirer un rail qui court d'Arras à Jérusalem et à Djarablis, l'instrument semble frêle pour soulever l'Égypte et les Indes.

Aussi bien l'Allemagne ne se propose-t-elle pas de faire sauter d'une pesée, *manu militari*, ces portes d'or si lourdes et si lointaines. Elle a ses moyens magiques pour agir sur les esprits. Des peuples l'attendent, tout prêts à briser leurs fers et à surgir des cachots où de mauvais génies les retiennent. Elle va surgir, dans une attitude saisissante, au seuil des nations captives et opposer prestige à prestige. L'influence anglaise là-bas est l'effet de forces qui ne peuvent pas être pesées, qui n'ont qu'un être hypothétique, qui n'existent que sur les imaginations. Eh bien! arriver par terre, de Berlin, n'est-ce pas déjà une nouveauté miraculeuse capable de faire tourner toutes les têtes de l'Orient et de les prédisposer à bien écouter le message de Guillaume, l'ami de l'Islam!

Cette longue voie ferrée, ce mince ruban, l'Allemagne pense s'en servir comme d'une mèche, pour porter l'étincelle à des foyers qu'elle veut croire tout prêts pour l'incendie. Dans ces pays d'Asie où régne la force brutale, l'homme depuis des siècles se console en répétant que l'esprit est au-dessus de la matière la prédisposition religieuse y est grande ; l'Allemagne se flatte d'y pouvoir exploiter le fanatisme. Tout son plan est d'échauffer assez, par un appareil de force, ces millions d'hommes pour qu'ils proclament la guerre sainte contre l'Angleterre et que l'incendie gagne nos territoires d'Afrique.

Une pensée religieuse, fomentée pour la gloire de Mahomet entre l'empereur Guillaume et les Jeunes-Turcs, qui se piquent d'être libérés de toute croyance religieuse et qui ne croient même plus aux principes de la Révolution française, dont ils vivaient, a peu de chance d'être chargée d'une grande force mystique. Ces gens d'Orient sont fort intelligents. Ils connaissent les bêtises que le clan jeune-turc accumule pour le malheur de l'Islam et s'ils ne savent pas les empêcher ils ne tiennent pas à les aggraver. J'ai beaucoup causé, à la veille de la guerre, avec le chef des Derviches Tourneurs à Koniah. On sait le rang principal que ce personnage singulier occupe dans l'Empire ; on sait également le crédit populaire de ses humbles confrères. Cet homme charmant, de l'esprit le plus distingué, causeur érudit et danseur excellent, je n'ai pas besoin de le dire, ne m'a rien exposé qui se rapporte directement à cette guerre que ni lui ni moi ne pouvions immédiatement prévoir à Koniah, au mois de juin 1914. Nous n'avons causé que de la philosophie des Soufys et de la littérature persane. Mais d'après ce que j'ai pu apprécier de son bon sens naturel et de sa prudence renseignée la corporation des Derviches Tourneurs, qu'il dirige et qui est bien l'une des plus propres à déchaîner les passions populaires, ne doit pas à cette heure prêcher avec ardeur la guerre sainte pour le compte des Allemands. Ce qui ne contient aucune parcelle de vérité ne tarde pas à pourrir. Il y a un point de départ absurde à vouloir que les boutiquiers et les paysans de Turquie confondent les intérêts du pangermanisme avec les intérêts de leur foi.

Je me rappelle avoir lu dans Gobineau le récit fort spirituel des efforts qu'il a vu faire au gouvernement de Téhéran pour déchaîner la guerre sainte contre l'Angleterre. Le peuple fut réuni dans la mosquée royale et un moullah fut la proclamation sacrée conjurant tous les musulmans de courir à la défense de la foi menacée par les infidèles. Mais à chaque instant une voix moqueuse interrompait le prédicateur et il lui était impossible de mettre fin au tumulte, aux éclats de rire, aux interruptions grotesques qui allaient croissant. Des cris, des quolibets, des calembours, et en face de tout cela les efforts désespérés du moullah pour gagner son public, vous reconnaissez une de ces réunions qui chez nous annoncent à un candidat que son élection est ratée. En effet, personne ne s'engagea. A Chiraz seulement la populace s'émut un peu, mais ce n'était pas pour attaquer les Anglais, c'était pour les soutenir.

Je connais des régions de la Syrie où c'est bien ainsi que les choses pourraient tourner : en faveur des Anglais. J'ai rencontré (inutile de dire où) des groupes importants dévoués à l'Angleterre parce qu'ils pratiquent certains cultes curieux, dont le chef habite l'Inde, au millieu des Anglais qui le protègent et l'entourent des soins calculés.

Nul danger qu'un foyer de fanatisme s'allume contre la Quadruple dans l'Empire ottoman. On y déplore assez généralement cette guerre. Et les étincelles seront peu dangereuses, partant d'un milieu si froid. Ce n'est pas à dire qu'en dehors de l'Empire, des incendies ne puissent être allumés si quelque succès venait à favoriser l'Allemagne. Mais défendons-nous, grand Dieu ! Et en attaquant.

C'est nous, Français et Anglais, qui ferions peut-être le plus aisément la guerre religieuse au sultan et aux Germano-Turcs.

Les Turcs sont des conquérants qui ont saisi par la force le pouvoir religieux en même temps que les territoires. Le sultan de Constantinople ne descend pas du Prophète. Qu'il est peu de chose auprès des chérifs, dont la généalogie remonte à Mahomet, et quelle injure pour le grand chérif de la Mecque d'avoir à supporter l'autorité d'un indigne usurpateur! Le sultan use de grands ménagements, et sous forme de présents paye au grand chérif certaines redevances. Mais les deux puissances restent opposées profondément. Dans l'état des choses, on peut croire que le grand chérif n'a pas trouvé qu'il y eût un suffisant motif pour prêcher la guerre sainte. Mais on doit obtenir mieux. Si des députations d'Algérie, de Tunisie, du Maroc et des nations de l'Inde qui relèvent de l'Islam orthodoxe venaient donner le khalifat au grand chérif de la Mecque, nous serions dans la vérité historique et nous ruinerions la valeur morale de l'Usurpateur de Constantinople, entouré de ces Jeunes-Turcs dont l'impiété révolte les fidèles des sanctuaires islamiques.

XIII

LE RETOUR DES MUTILÉS
DANS LEURS VILLAGES

Les invalides de la guerre.

22 Décembre 1915.

Il y a quelque mois, j'ai annoncé à nos généreux lecteurs que la *Fédération nationale d'assistance aux mutilés des armées de terre et de mer* ouvrait aux invalides de la guerre leur première école d'agriculture. J'étais plein de confiance, car M. de Fontgalland, l'éminent président de l'Union du Sud-Est des Syndicats agricoles, nous faisait profiter de son expérience. Il nous installait cette maison de rééducation, à sept kilomètres de Lyon, dans le beau domaine de l'École Sandar, au village de Limonest. Aujourd'hui nous avons des résultats dont je viens rendre compte aux grands blessés de la guerre, pour leur dire qu'un bon nombre d'eux peuvent hardiment se maintenir dans leurs professions agricoles.

Le plus simple et le plus utile, c'est d'abord que je mette ici la circulaire que la Fédération leur adresse. Les mutilés et ceux qui les aiment y trouveront un ensemble de renseignements positifs que je suis prêt à compléter autant de fois que l'on voudra bien m'écrire.

Voici ce que nous désirons que l'on lise dans les hôpitaux et ambulances :

Le but essentiel de la Fédération est la rééducation des mutilés. Nous voulons leur apprendre un métier qu'ils puissent exercer malgré leur mutilation et qui leur permette de gagner leur vie. C'est ainsi que nous avons organisé divers ateliers de rééducation qui fonctionnent à Paris ; mais beaucoup de mutilés, cultivateurs avant la guerre, nous ont manifesté le désir de le redevenir. C'est pour eux que nous avons créé à Sandar-Limonest, près de Lyon (Rhône) un Institut agricole des Mutilés.

Tout y est calculé en vue d'adapter les mutilés de la guerre aux professions agricoles. Tous les soins tendent à obtenir qu'après un séjour dans le milieu sain et agréable de Sandar, ils sortent plus habiles, plus forts et mieux instruits, aptes à exercer sans déchéance et plus fructueusement leur belle et attachante profession.

Il résulte des expériences faites, qu'après le temps nécessaire à sa rééducation, **un mutilé**

de la jambe *peut très bien soigner le bétail,
donner à manger aux animaux, les panser,
traire les vaches, faire la litière, même enlever
le fumier de l'écurie ; qu'il peut arracher les
pommes de terre, et les betteraves, les ramasser,
conduire certains instruments comme le cultivateur Jean et autres, ayant un siège. Tous les
travaux de jardinage sont également à sa portée,
et même le bêchage lui est possible. La taille
des arbres fruitiers, de la vigne lui est également chose aisée. Il y a aussi la floriculture, le
soin d'une serre, le bouturage, le dépotage et le
rempotage. Enfin, tous les travaux concernant
la basse-cour, l'aviculture, ainsi que l'apiculture.*

Pour les mutilés d'un bras, *l'expérience
nous a démontré qu'ils peuvent, malgré leur
amputation, exécuter certains travaux de labour
au brabant, et qu'ils arrivent même à tourner
seuls le brabant. Ils se livrent aux travaux de
culture à la main, avec pioche, bêche, triandine,
râteau, fourche etc. ; ils soignent le bétail ;
certains ont appris à harnacher les chevaux et
à les atteler. Enfin, ils peuvent également se
livrer aux travaux de jardinage : tailler, sar-
cler, brouetter.*

*C'est vous dire mes chers compatriotes, qu'il
vous sera facile, en suivant les cours de l'école
de Sandar, d'apprendre un métier qui sera*

compatible avec votre cas et qui vous permettra de gagner votre vie en restant dans la culture.

Nous ne saurions trop vous recommander de vous rendre à l'Institut agricole, pour vous rendre compte par vous-même de l'intérêt que vous auriez à y rester. Vous n'avez qu'à prendre à Lyon, au Pont-Mouton, le tramway pour Limonest; vous descendez au terminus, et là vous demandez l'École Sandar.

Il est bien entendu que vous devrez vous conformer aux règlements de l'établissement, c'est-à-dire promettre d'étudier sérieusement les procédés de réadaptation et de perfectionnement, et prendre part aux travaux agricoles suivant vos moyens.

Le logement et la nourriture vous seront assurés gratuitement.

Notre œuvre se chargera, en plus, de vous fournir gratuitement l'appareil perfectionné qui vous sera nécessaire pour exercer le métier que vous aurez appris à Sandar.

Voilà, dans son essentiel, la note rédigée par notre secrétaire général et que je prie nos amis de faire lire autour d'eux par les soldats mutilés. Elle nous donne mieux que des espérances, des résultats certains. Quand j'ai écrit mon premier article sur les *Mutilés aux*

7.

Champs, j'avais confiance parce que M. de Fontgalland me disait de ne **pas** douter ; mais tout **de** même j'ai respiré plus à l'aise à mesure que nos premiers pensionnaires m'écrivaient avec allégresse qu'ils se sentaient en possession d'un vrai métier. Et puis dans le même temps je causais de-ci de-là. On n'entend jamais trop de cloches.

M. Paul Besnard me disait… Mais avant qu'il nous explique ce qu'il sait de l'emploi que l'on peut faire des mutilés dans l'agriculture, il faut que je vous le présente pour que vous jugiez de son autorité… M. Besnard est fils d'agriculteurs ; tous ses ancêtres du côté paternel comme du côté maternel ont toujours été dans la culture. Lui-même n'a pas d'autre vie. Après avoir passé son baccalauréat, il est entré à l'Institut agronomique et de là dans sa ferme de Guyancourt. « Cette ferme, me dit-il, je l'ai organisée et reconstruite en partie moi-même, faisant, avec l'aide de mon personnel, mes travaux de maçonnerie, de forge, de menuiserie, etc. Puis en Algérie j'ai créé depuis quinze ans un gros domaine presque exclusivement viticole, avec tous les derniers perfectionnements de la science… »

Vous voyez, il ne s'agit pas d'un théoricien,

mais d'un homme d'expérience qui raisonne sur des réalités, sur ses affaires de chaque jour. En outre, il n'a rien à voir avec l'école Sandar et les syndicats agricoles du Sud-Est. M. Besnard déploie son activité en Algérie et en Seine-et-Oise. Eh bien ! il affirme, lui aussi, que les mutilés peuvent parfaitement gagner leur vie dans les travaux agricoles.

« J'ai vu, me dit-il, un homme auquel il manquait l'avant-bras gauche faucher très bien. Il avait remplacé cet avant-bras par une sorte de moignon en bois, assez grossier, dans lequel un simple trou laissait passer la hampe de la faulx et lui permettait de diriger l'outil. A ma ferme, je possède un homme à qui un accident de machine, voilà vingt ans, a coupé le bras droit, près de l'épaule. C'est aujourd'hui l'un de mes ouvriers les meilleurs et les plus adroits. Seul il garnit les bœufs, mène les chevaux, conduit les moissonneuses-lieuses, dont il manœuvre tous les leviers. Il surveille les appareils de triage des grains, qu'il arrive à ensacher lui-même et à peser. A la distillerie, il entretient le matériel, gratte et brosse les parties métalliques qu'il peint ensuite.

« D'ailleurs ce que cet homme a pu faire faire sera facilité maintenant par les constructeurs, dont la tâche sera de s'ingénier à construire des instruments en rapport avec les moyens d'action des mutilés. Il est évident, par exemple, qu'à l'heure actuelle, pour les gens qui n'ont plus qu'une jambe, on devra mettre des sièges sur les charrues, les rouleaux, etc. Il y en a, du reste, sur presque tous les outils venant d'Amérique. La herse sera suivie par une sorte de petite voiturette où l'homme remorqué par l'outil pourra surveiller son travail et conduire ses chevaux comme on conduit une voiture. L'absence d'une jambe ne l'empêchera pas de conduire une moissonneuse, une machine à faner, à arracher les pommes de terre ou les betteraves, à sulfater la vigne, car il sera assis. Et puis, s'il est besoin, on le doublera d'un enfant, à qui il servira, lui aussi, de moniteur, pour lui apprendre le maniement des outils.

» En Normandie, où mon père possédait une grande ferme, le mécanicien n'avait qu'une jambe. Simple ouvrier d'abord il s'était fait connaître peu à peu, et était arrivé à monter un atelier où il occupa dans la suite plusieurs ouvriers. Il avait toute la clientèle de la contrée pour les réparations mécaniques de batteuses, moissonneuses, machines à vapeur, etc. »

C'est avec un grand plaisir que je recopie
ces témoignages et je crois que vous aussi
vous êtes content de les lire, car ce sont autant de promesses de tranquillité pour nos
amis les soldats blessés. On doit leur souhaiter qu'ils puissent retourner au village. Sur
les quinze mille mutilés que l'on compte que
la guerre a déjà fait, quinze cents sont des
Parisiens ; les autres, pour la plupart, des
ruraux. Hanotaux me dit qu'ils s'occupe de
créer pour eux une école de bergers. Cela
encore est très bien. Nous avons ouvert la
bonne voie.

Au reste, il ne faut pas croire que nos ateliers parisiens du quai de la Rapée, ou de la
rue des Épinettes préparent des déracinés.
Nous y enseignons l'ajustage et la forge, la
ferblanterie, la menuiserie, la cordonnerie,
le métier de tailleur. Ce sont là des arts très
précieux à la campagne. J'ai toujours dans
l'esprit, comme idée directrice, ce que me
disait un homme d'expérience se faisant l'in-
terprète d'hommes de sa valeur : « Pour les
invalides de la guerre, pas de métiers de
femmes, pas de métiers qui ne puissent être
exercés au village. » L'Action sociale de Seine-
et-Oise a ouvert une enquête précieuse auprès
des maires, des curés, des châtelains, des

fermiers et des syndicats agricoles, pour connaître d'eux, jusque dans les moindres hameaux, les petits métiers ruraux où les mutilés pourraient s'employer de manière à trouver une vie normale. Si nous voulons réfléchir un instant, nous nous mettrons d'accord, tous, pour reconnaître quels sont les besoins du village comme de toute la France ; on y manque de gens qui sachent un métier.

Des charrons, des forgerons, des mécaniciens, voilà ce que l'on réclame. Et qu'un homme sachant travailler le fer et le bois serait précieux dans nos fermes ! La lettre que voici d'un lieutenant d'artillerie établit d'une manière très saisissante cette incapacité technique de nos cultivateurs :

Ma batterie est comporée presque exclusivement de cultivateurs des Deux-Sèvres, de l'Anjou, du Poitou. Ils ont tous la prétention de travailler dans un des pays les plus productifs de France ; je crois que c'est exact. Ils sont presque tous de familles de fermiers ou de petits propriétaires relativement aisés. Ils prétendent savoir mener les chevaux, les bœufs, la charrue et les machines agricoles. Leur ignorance dans le travail du fer et du bois est complète.

Il ne me reste plus guère d'ouvriers : ils sont tous partis dans les arsenaux. Il me reste tout juste un charron, un menuisier et un serrurier. Non seulement je suis obligé d'avoir recours à eux pour les travaux un peu délicats ; comme de refaire des rais pour une

roue, ou d'ajuster une ferrure ; mais pour les moindres choses : réparer un timon cassé, ou un palonnier
en bois, faire avec une feuille de zinc un simple cornet
servant de porte-voix, faire avec quatre planches une
caisse pour le transport des téléphones, faire une bo-
bine en bois avec un axe en fer et une manivelle pour
rouler le fil téléphonique, faire des garde-manger avec
des planches et de la toile métallique, faire une simple
table rectangulaire en bois blanc.

L'autre jour, j'avais à remettre en état, à la forge,
une vingtaine de pioches dont la pointe et le tranchant
étaient émoussés. L'ouvrier en fer, seul, a été jugé
capable de le faire, avec les maréchaux.

Je n'en finirais plus si j'énumérais tous les petits
travaux de rien du tout que j'ai chaque jour à faire
faire et qu'aucun cultivateur de la batterie n'est
capable de faire.

Ignorance complète de tout ajustage, même pour le
bois. Tout ce qu'ils peuvent faire, c'est de scier des
planches et de les clouer grossièrement, ou de faire
des manches de pioches ou de pelles. Dès que c'est du
métal, plus rien.

C'est indéniable, la France souffre d'une
pénurie extraordinaire de la main-d'œuvre
industrielle. Nos ateliers-écoles de rééducation marquent la voie du salut ; nous créons
avec ces admirables hommes de vrais artisans.
Peu d'entre eux avant la guerre savaient un
travail, un art ; si nous leur donnons cette
plus-value, nous compensons leur amoindris-
sement physique et enrichissons la patrie.
J'ai été bien ému de ce que m'ont dit les

mutilés de la Rapée, il y a une quinzaine de
jours : « Nous avons travaillé à la Revanche
et maintenant nous préparons la revanche
économique de la France... »

C'est cela même. J'ai la conviction que
notre Œuvre des Mutilés est bonne et donnera de grands résultats. Évidemment à la
Rapée, chez Kula, à l'Institut agricole de
Sandar (Limonest), dans nos ateliers épars,
nous ne pouvons entretenir à la fois que
quelques centaines de mutilés ; mais ils se
succèdent, et puis le type est créé, et je sens
que nous avons secoué l'apathie générale. D'autres œuvres surgiront ; elles ont un modèle.

Déjà nos filiales de province ont commencé
leur rendement. Je ne vais pas tarder à vous
les faire connaître. C'est un aspect très important et plein d'avenir de la Fédération.

XIV

LE POILU TEL QU'IL PARLE

23 Décembre 1915.

Nous allons célébrer la Journée du Poilu.
Voilà six mois qu'ici je la demandais. Ceccaldi
et quelques parlementaires y pensaient de leur

côté, et se sont chargés de l'organiser entre eux. Ils veulent constituer un trésor, afin de donner aux soldats qui n'ont pas de famille ou dont la famille est malheureuse le moyen de profiter de leurs permissions. Idée juste et généreuse que le public accueille de tout son cœur.

Voilà de ce fait le mot « Poilu » installé sur tous nos murs en grands caractères, presque officiellement. J'ai dit, l'autre jour, que je trouvais quelque chose de déplaisant à cette consécration d'un mot qui ne me semble pas respecter assez ceux qu'il désigne. Poilu ! le vocable a quelque chose d'animal. C'est vrai que j'avais demandé : « A quand une Journée du Poilu ? » mais ce qu'un écrivain peut se permettre dans une conversation familière avec ses lecteurs n'est plus de même convenance si c'est le Parlement qui l'emploie. Pour une solennité, le mot manque de dignité ; il respire une jovialité qui est peu de saison et nous entraîne trop du côté de la farce... Le pittoresque est-il donc indispensable ? Pourquoi pas, tout simplement, la Journée du Combattant, ou, comme me disait Gyp, la Journée du Soldat ?

« Mais non, me dit un sage correspondant, je ne vous suis pas dans vos scrupules. Le

mot de poilu a rompu ses liens étymologiques
autant que celui de soldat. Un poilu a sans
doute du poil, autant que le soldat reçoit une
solde, mais des harmoniques supplémentaires
donnent la note fondamentale. Le « combattant » a, comme tous les mots qui gardent
leur figure de participe présent, quelque chose
de pas définitif : un mourant, un mendiant,
un protestant... Poilu a je ne sais quoi d'hir-
sute, sans doute, mais aussi de solide et de
fort. Je vous assure qu'en avril, au poste de
commandement d'où nous observions le
déclanchement des braves gens qui partaient
à l'assaut, blocs de boue transformés soudain
en guerriers, il n'y avait pas d'autre mot pour
venir sur nos lèvres, au commandant R... et à
moi : « Il faut une fête du Poilu, Barrès
devrait s'y atteler. »

J'écoute, mais je ne me rends pas. Dans
l'action même, *poilu* est admirable de spontanéité, de vérité farouche. Il est juste, hardi,
fait image et l'on serait bien chétif de s'offus-
quer. Mais sur de grandes affiches officielles
et froides, pour annoncer une fête nationale,
pour grouper des jeunes filles qui quêteront le
passant, ces deux syllabes nues ne sonnent
pas à l'unisson avec nos pensées d'amitié et
de respect...

Tout ceci d'ailleurs est d'importance secondaire et l'on m'excusera de céder aux manies d'un écrivain habitué par sa profession à peser, faire sonner et vérifier les mots, sur sa table de travail, un peu plus qu'il n'est raisonnable. L'essentiel est que Ceccaldi et ses amis remplissent la caisse de nos permissionnaires les moins favorisés. Et puis « *poilu* » ne peut plus ne pas être. Le mot est créé. Au début, plaisait-il tant que cela à l'armée? J'en doute. Mais c'est d'elle qu'il nous vient, et nous recueillons avec la plus amicale curiosité tout ce qui se forme spontanément dans son esprit, tout ce qui réfléchit sa misère et sa vaillance.

Un aimable correspondant m'envoie un petit essai plein d'esprit sur le langage que ses amis et lui parlent au fond des tranchées. C'est imagé, très riche en pseudonymes ; cela rappelle par la couleur et la crudité le vieux français ; c'est jailli de la source vive. Puisque la *Journée du Poilu* nous en donne l'occasion, et que M. Henry Solus (à l'armée, un caporal ; dans le civil, un docteur en droit, lauréat de la Faculté) m'en prête la science, voulez-vous que je vous présente le poilu tel qu'il parle?

Le poilu est un homme. Mais vous l'entendez rarement parler de sa figure. Son visage, le plus souvent recouvert de barbe (d'où son nom), prend une appellation animale peu honorable, qui est d'ailleurs commune à l'ensemble de la figure et à la bouche en particulier... Vous comprenez ! L'expression revient à tout propos et sonne rude et bien. On dit : *Prendre un obus sur le coin* (je me demande où il se trouve) *de la g...,* comme aussi : *en pleine poire, dans le portrait !* En tout ceci, c'est de la figure qu'il s'agit.

Vous savez que la tête ou *trognon* se coiffe d'un képi, dit *kébrock, pot de fleurs.*

Le buste du poilu, la partie de son corps qui contient l'estomac et les entrailles, qui est par conséquent le réceptacle de la nourriture, se nomme pour ce motif : *coffre, bide, buffet, lampe.* Rien ne fait plaisir comme de *s'en f...lanquer plein la lampe.*

Le poilu met ses jambes, *ses quilles, ses pattes, ses harpions, son compas,* dans un objet appelé par certains pantalon, mais par lui : *falzar, frandar, froc, fourreau, grimpant.* On voit le geste de l'homme qui s'habille...

A ses pieds, *panards, ripatons,* il enfile des *godillots* ou, si vous préférez, des *godasses, des grôles, des croquenots, des ribbouis, des péniches* (le pied du soldat est généralement mignon), *des chaussettes à clous, des pompes*

(à l'usage de l'eau des tranchées probablement).

Tout le monde connaît *Azor*, le sac;
Mlle *Lebel*, le fusil, et *Rosalie*, la baïonnette,
trois fidèles amis du *troufion*.

Le temps où le poilu se couchait dans un
lit, appellé *pajot* ou *plumard*, en raison sans
doute de l'absence de plumes dans la literie,
est maintenant passé. Il dort (quand il dort, et
alors *il pionce, il roupille, il en écrase)* sur la
terre, heureux d'avoir de temps en temps un
peu de paille en guise de drap ou de *sac à
viande*. Au repos, en arrière, il trouve quelquefois un lit : quelle joie, quelle *nouba*, quelle
foire !

Mais la chose est rare depuis que le poilu
habite la tranchée et *ses gourbis, ses cagnas,
ses calebasses.*

Sa grande préoccupation est alors de
défendre sa peau. Car il reçoit des visites peu
agréables : *les gros noirs, les marmites, les
wagons-lits, les trains de wagons-lit,* s'il y en a
plusieurs, *le métro...* Que sais-je encore ? C'est
alors que retentissent les : « Planquez-vous ! »
Les poilus s'aplatissent sur le sol sans s'émouvoir: *faut pas s'en faire !* A quoi bon *avoir les
foies blancs, verts ou tricolores,* en d'autres
termes, avoir peur ? On n'est pas une *bleusaille !*

Et quand résonne l'éclatement formidable du 105 ou du 210, le poilu apprécie d'un air amusé : « *C'est un pépère... un maous... un pépère-maous !* » De petits bourdonnements se font entendre : ce sont les éclats nommés *mouches à miel, abeilles* (ces qualificatifs étant d'ailleurs communs aux balles) qui, heurtant un obstacle, cessent brusquement leur ronronnement.

Aussi, on est brave ; *on en a dans le ventre :* on est blessé, *alligé, amoché ;* on meurt, cela s'appelle *être occis, clamecé, claboté, bousillé, zigouillé.* Il en tombe beaucoup, surtout à la charge à la baïonnette, quand *on va à la fourchette.*

Notez enfin un autre petit inconvénient de la vie des tranchées. Ces *cochons de Boches* ont amené avec eux, laissés en liberté, une multitude d'insectes parasites, parmi lesquels on doit signaler, en raison de leur nombre et de leur universelle renommée, les poux, *totos* ou *gos,* petites bêtes blanches aux pattes agiles, appelées aussi pour ce motif *mies de pain mécaniques...* Et je vous assure que pour s'en débarrasser, on a bien de la peine : *quel boulo !*

Ce sont là les ennuis d'un *métier* qui réserve, par contre, d'agréables moments.

La soupe, par exemple !... Il faut avoir vécu au front pour être capable de comprendre l'enthousiasme de l'accueil fait à l'homme sale et graisseux que la guerre a révélé cuisinier : « Ah ! te v'là, *l' cuistot !* Eh bien ! ça va à *la cuistance ?* Dis donc, *vieux,* qu'est-ce tu nous apportes à *becqueter ?* » Le cuisinier, louche en main, procède alors à la distribution. Chacun tend *sa galetouse,* lisez gamelle, et reçoit sa portion de *rata :* *bidoche* ou *barbaque* cuite avec *patates, faillots* ou riz. Avec cela un *quart de boule* (pain ou *bricheton)* et de temps en temps un morceau de *frometon* ou *fromgi* (fromage).

Seulement il arrive parfois que, pour divers motifs, la soupe ne vient pas : attaques, changements imprévus de secteur, culbute du cuisinier et de *sa becquetance* sous la rafale des obus. Philosophiquement, en s'accompagnant d'un geste des mains qui esquissent un nœud imaginaire sur le ventre, le poilu *se met la tringle* ou *la corde, serre un cran à la ceinture :* ou, par antithèse, il *se bombe.* Et il le fait sans trop se plaindre — *rouspéter* ou *rouscailler* — se réservant d'ailleurs de *se tasser* une *boîte de singe.*

Mais quelle n'est pas sa joie lorsqu'il peut se rassasier à son aise, *se taper la tête* ou *la*

cloche, s'en *mettre plein le col, plein le cornet !*
Le comble **du bien-être** est atteint quand
paraît le vin, *le pinard* tant désiré. On ne l'a
plus, comme autrefois, en litre, en *kil ;* on en
touché — et encore !... — un quart. Sinon,
au cas où le pinard *a fait le mur,* on se contente d'eau, dite *flotte* ou *lance.* Puis vient le
traditionnel *jus,* dont on ne se passerait pas
pour un empire. De temps en temps enfin,
on distribue de l'eau-de-vie : *la goutte, la
gniole, le criq, le j'le connais bien.* Mais, généralement, le poilu voit là un signe avant-cou-
reur d'une attaque. Alors, malgré le plaisir de
l'absorption, il trouve que « *ça la f...iche mal !* »
Il eût préféré déguster en paix, que diable !

Ce plaisir de la soupe s'adresse à ce
qu'Aristote appellerait l'âme inférieure. Il en
est un autre d'une essence supérieure : celui
de recevoir des lettres. *Les babillardes* sont
toujours bien venues : celles des parents, *des
vieux ;* des frères et sœurs, *frangins et frangines ;*
des amis, des copains, *des connaissances* restées
au pays ; des parrains et marraines de guerre.
Souvent aussi on y trouve de quoi garnir son
porte-monnaie. Les yeux du poilu, *ses mirettes,*
s'illuminent lorsqu'il voit *son morling* se remplir *de ronds, de balles, de lunes.* Bien heureux ceux qui ont du *pognon,* du *pèse !*

La guerre a eu le magnifique résultat de créer entre les combattants, dans la tranchée, des liens d'amitié et de fraternité qui se traduisent de préférence par les qualificatifs : *mon vieux* (même s'il est de la classe 17), *mon pot'*. Le *poteau* est celui sur lequel on s'appuie, en qui on a pleine confiance. C'est le copain préféré, *le bon zig, le chic type*. On est heureux de le retrouver. Quant on le voit, *on lui saute su' l' paletot* (bien qu'il n'en porte plus depuis plus d'un an), *on lui bondit su' l' poil* (ce qui est plus conforme à la réalité), *on l'agraffe* (vous apercevez dans ce terme le mouvement des atomes crochus dont parlait Lucrèce). Depuis les secours sur le champ de bataille jusqu'aux menus services de tous les jours, le poteau est toujours prêt à obliger son copain. Il cherche, *en douce* : sans bruit, en secret, à lui éviter des histoires. Il l'empêchera de se *faire poisser, piper, gaffer* par un chef, *d'avoir des embêtements, de tomber sur un os, sur un dur, sur un manche, sur un bec de gaz*. Il lui conseillera de ne point *faire le zouave* ou *le mariole*, ce qui signifie faire sottement le fanfaron.

Pour passer le temps et entre deux parties de cartes, les poilus causent avec plaisir de leurs prouesses. Avec force détails et déplacements de képi sur la tête, ils racontent les aventures qui leur sont arrivées depuis le jour où ils ont quitté le dépôt — ce qui se dit : *En jouer un air, mettre les voiles, les bâtons, les bouts de bois* (simple façon de parler !) — jusque et y compris leur arrivée à *l'hosto* (l'hôpital). Que pas un ne s'avise alors d'exagérer, *de bourrer le crâne, d'en f...lanquer plein la vue* aux autres, *d'en faire un plat* ou *une tartine.* — « *Ça n'a rien à faire !* » lui répond-on. « *Tu vas un peu fort, tu charries, tu alliges !* » (car tout le monde se tutoie maintenant). Mais ce peut être de bonne foi que l'auteur du récit se trompe ; le copain rectifie alors : « Non, vieux, *tu te gourres !* »

N'allez pas croire surtout que les poilus sont toujours d'accord. Leurs discussions sont quelquefois violentes. Il leur sort de ce que vous appelez bouche des expressions qui brûleraient ce papier si je les y transcrivais... En voici une tout au moins convenable et curieuse : *volaille !* en accentuant sur les voyelles des deux premières syllabes, ce qui donne à l'épithète une expression de dégoût, de haine... Quant au mépris, rien ne l'exprime mieux que : *sale embusqué, genou creux!*

Sachez en outre que le poilu agacé et importuné vous envoie promener sans scrupules

en lançant la main droite par dessus l'épaule
et en disant, après un petit sifflement : « *A
la gare !* » traduisez : Laissez-moi la paix,
c'est inutile d'insister, vous perdez votre temps.
Et, d'autres fois, il vous déclarera sans sour-
ciller : « *J'en ai marre* », j'en ai assez.

Apprenez enfin que Cambronne est très
admiré et plagié dans certaine de ses expressions historiques. Son mot célèbre retentit à
tout propos, dans les moments tragiques
comme dans les circonstances les plus
comiques. Selon l'intonation de la voix, il
exprime la joie, la surprise, l'ennui, la tristesse, la colère. Il entre surtout dans la composition d'une locution célèbre, très goûtée
du poilu, ayant un synonyme que je puis seul
vous livrer : *débrouillard*.

... Voilà ce que me raconte le caporal
Solus. Je le remercie, au nom de mes lecteurs,
pour sa curieuse communication. C'est une
feuille de l'herbier des tranchées qu'il nous
envoie là. Il a cueilli sur tige des mots qu'on
ne reverra plus aux printemps prochains, des
mots nés d'un caprice, d'une misère, d'une
minute de vaillante gaîté, et qui passent de
bouche en bouche sans jamais se fixer. Tout
au plus si parfois une main engourdie les trace
au charbon sur les planches pluvieuses d'un

baraquement provisoire. Le plus grand nombre s'évaporeront le jour où nos soldats reprendront leurs vêtements et leur langage civils, le jour où le jeune caporal Solus revêtira, au barreau de Paris, sa robe d'avocat stagiaire. Dans ce temps même, ils ne cessent pas de se transformer. Certains sombrent, d'autres émergent. Il s'agit pour eux de peindre une réalité si mouvante ! J'ai dans l'idée que le mot *poilu*, lui-même, est au bout de sa course. Il rendait admirablement les dehors du soldat des tranchées, mais celui-ci, vous savez comme il est à cette heure ? Le casque en tête, des lunettes d'automobiliste sur les yeux et trois tampons en bâillon sur la bouche, la musette remplie de grenades à main, quelques appareils respiratoires pendus à ses trousses, c'est une curiosité zoologique inouïe que le poilu du front, à la fin de 1915 ; c'est un nouveau-né dans cette vie d'héroïsme ; il va se rebaptiser.

XV

L'ENFANT ET LE VIEILLARD

In memoriam.

24 Décembre 1915.

Je ne regrette pas, enfant, que ta croyance
Ait rencontré chez moi le respect et l'accueil,
Puisque tu pus franchir le redoutable seuil
Avec cette sereine et haute confiance.

(Jean PSICHARI à son fils.)

L'*Illustration* publie le « *Voyage du Centurion* », l'œuvre posthume d'Ernest Psichari, qui est tombé au champ d'honneur, il y a quinze mois, en Belgique, lors de la retraite de Charleroi. Quelques pages puissantes de Paul Bourget précèdent et commentent ce grand livre sincère où l'on trouvera, étape par étape, au cours d'une expédition militaire en Mauritanie, le journal d'une conversion, l'autobiographie du jeune héros que nous aimions avec admiration.

« L'*Appel des Armes*, le premier roman de Psichari, nous avait dit la vocation militaire et dans quel moule psychologique prend son relief, si l'on peut s'exprimer ainsi, ce type humain d'une frappe très spéciale qu'est le soldat. Le *Voyage du Centurion* nous dit l'éveil du croyant dans ce soldat et comment la religion de la consigne mène ce fervent de la discipline à toutes les disciplines... » Ainsi s'exprime Paul Bourget. Je vous renvoie à sa préface. Je suis incapable de vous parler de ce livre en critique, incapable d'analyser l'impression que j'en reçois. A cette heure, au milieu de ma tâche, comment pourrais-je en toute liberté d'esprit me livrer à aucun poème? C'est l'action qui absorbe nos pensées d'enthousiasme et de vénération. Un tel auteur dont l'âme aimait à construire et dont la mort va être indéfiniment agissante me distrait de son livre. Le *Centurion* n'est qu'une image imparfaite qu'il donne de lui et, si belle que son génie l'ait faite, nécessairement inférieure au modèle que le voici tragiquement devenu.

Aujourd'hui, veille de Noël, je reste en méditation devant le groupe de faits qui prolongent parmi nous l'activité du jeune héros, et, ce qui m'émeut, c'est qu'il soit le petit-fils d'Ernest Renan et qu'il ait éprouvé devant l'Église la même nostalgie qu'éprouvait son grand-père.

Renan aurait voulu rester quand même

dans l'Église. Il ne s'est jamais consolé d'être
dehors. Comme il désirait que ce fût possible
de rester catholique sans avoir la foi ! Rappelez-vous les pages ardentes, désordonnées
de *Patrice*, qui furent, il y a peu, mises au
jour. Toutes pleines du parfum des ruines ro-
maines, elles montrent un philosophe de vingt-
sept ans, jeune évadé de Saint-Sulpice, tout
raidi, tout irrité et que fascine encore le sentiment catholique, le soir à la tombée du jour,
quand les trois cents églises et les monas-
tères de la Ville papale commencent à tinter
les prières à la Vierge.

Ce besoin de l'infini, ce besoin de Dieu et
de l'Église, l'enfant à son tour l'a connu ;
mais il décida, contrairement à son grand-
père, de vaincre et de soumettre son intelligence. Le trajet qu'avait fait l'aïeul, voici
qu'à soixante-dix ans de distance le jeune héri-
tier, en sens inverse, le refait. Il rejoint la
vieille maison que son enfance avait ignorée.
Il franchit le seuil sacré. « Que veux-tu ? » —
« Je veux le baptême. » Mais voici que sous
le porche où il reçoit l'instruction, le cathé-
chumène voit grimacer une figure. « Qui est
celui-là ? » dit-il. — « Tu l'as reconnu. C'est
Renan l'Apostat. Ton grand-père est un
damné ».

Eh quoi ! faut-il encore croire cela ? Le vieillard qui était si bon pour moi, le père de ma mère serait un damné ?

L'Église éprouve à l'égard de Renan une nuance particulière d'horreur. Les prêtres sont plus indulgents pour Voltaire que pour l'auteur de la *Vie de Jésus*. Ils ne croient pas à la sincérité de sa pensée religieuse. Quand il s'approche, ils revoient le baiser de Judas. Arrière toi qui fus des nôtres et qui embrasse le Christ pour le trahir. Simple lecteur, j'ai bien souvent souffert de ce dur traitement infligé au vieux maître dont j'aime l'œuvre par longs fragments. Mais pour son petit-fils, à l'heure qu'il réclame de toute son âme le baptême, quelle amertume, quel conflit ! Écoutez de quelle manière sublime il le règle.

Dans la première année de sa vie chrétienne, Ernest Psichari résolut de faire une visite au séminaire d'Issy. Il retrouva le parc et la chapelle, tels que Renan les décrit dans ses *Souvenirs* : « Je vis avec une grande émotion, raconte-t-il, les endroits mêmes où mon malheureux grand-père avait prié. » Jamais, de toute sa vie, le jeune auteur n'aura rien écrit qui soit plus chargé de drame et de grandeur que cette simple phrase. L'enfant tragique s'est promené sous les froides charmilles, et, sur le banc de pierre, il a vu le Fantôme que nous avons tous aimé ; il a vu le jeune clerc assis à l'écart, un livre à la main, et reconnaissant celui dont il portait dans ses veines le sang et le génie, Psichari s'est approché :

— « Ne me tente pas, ô mon Aïeul ; ne fais pas de reproche à mon cœur. La beauté de ton imagination, la supériorité de ton intelligence ne peuvent rien sur ma raison, que j'ai soumise avec ivresse à la discipline de mon directeur ; mais je souffre si fort de penser que je puis peiner aucun des miens ! Pourtant le christianisme a triplé le respect et l'amour que j'ai pour vous tous ; la vraie vie ne détruit rien que le mal ; elle accroît les bons sentiments naturels, les développe, les enrichit. Si vous saviez combien le Christ que vous ne m'avez pas fait connaître a augmenté pour vous mon respect et mon amour ! »

C'est ainsi que Cymodocée, après sa conversion, supplie son père, le vieux prêtre des faux dieux.

Je ne me charge pas d'imaginer les sentiments que Renan aurait éprouvés devant cette âme sincère qui lui tenait de si près. Mais je sais qu'après cette visite Ernest Psichari souhaita de n'être qu'un simple curé de village,

comme pour mieux accomplir et plus filiale-
ment encore son devoir de réparation. Je suis
prédestiné, pensa-t-il, pour expier ce qu'il y
eut d'excessif dans l'orgueil intellectuel de
mon grand-père. Il aurait dû être recteur
d'un pauvre village en Bretagne ; je le serai
à sa place... C'est un ordre de la Providence
qui se réalise, et c'est, aux yeux de ce noble
enfant, une preuve qu'il n'y a pas de colère
invincible de Dieu sur son aïeul. Dans le plan
divin, celui-ci n'a pas été anathématisé.
Renan n'a pas été le Génie du Mal. Pour un
Lucifer, il n'y a pas de rédemption possible.

Telles étaient les vues d'Ernest Psichari
dont je ne fus pas le confident, mais que nous
attestent de nombreux témoins, Mgr Gibier
évêque de Versailles, le père Janvier et ce
deux amis qui partageaient sa foi, Henri Massis
et Jacques Maritain, avec qui il répétait le
mot des psaumes : « *Nos scimus quonia
translati sumus de morte ad vitam.* » Ils at
testent que la vie d'Ernest Psichari était de
venue celle d'un saint, qu'il récitait chaque
jour de longs offices et mêlait étroitement les
devoirs d'un religieux à ses devoirs de jeune
officier.

La guerre éclata au moment où le jeune
lieutenant venait de décider qu'il irait à Rome

prendre ses grades de théologie. Elle l'empêcha de se faire ordonner pour la rédemption de son grand-père ; elle lui permit de se faire tuer pour la rédemption de la France. C'est toujours cette vue mystique de ne pas vivre pour soi, de ne pas attacher d'importance à son propre personnage. En quittant Cherbourg, il écrivit à l'abbé Bailleul : « Je vais à cette guerre comme à une croisade parce que je sens qu'il s'agit de défendre les deux grandes causes auxquelles j'ai voué ma vie. »

Et maintenant voici des textes certains que je désire mettre sous les yeux du public comme les titres de gloire d'Ernest Psichari. Ils parleront plus fort que ne ferait aucun commentaire.

Au jour de la mobilisation, en quittant sa garnison de Cherbourg avec son régiment, le 2ᵉ d'artillerie coloniale, il dit à son ami, le chanoine Huynet : « *Au revoir*, là-haut ou à Cherbourg, mais sûrement après la victoire ». Peu après, le 22 août, à Rossignol, son régiment était détruit. Un rapport contient ces mots : « ... Je tenais à vous faire savoir la fin glorieuse du 2ᵉ régiment de l'arme. Les hommes ont été d'une bravoure sans égale, pas un n'a bronché. Alors qu'ils étaient sûrs d'y passer tous, pas un n'a flanché. Ils ont servi leurs pièces comme à la manœuvre. Combien y sont restés ? je ne saurais vous le dire. » Ernest Psichari était des morts. Un témoin, aujourd'hui prisonnier en Allemagne, écrit : « Le lieutenant Psichari est mort à mes côtés, ainsi que son capitaine. Nous avons passé un après-midi côte à côte. C'est lui qui commandait le tir de la pièce, où je me trouvais. Le soir à 5 heures, en voulant sauver sa pièce il a été fauché par les mitrailleuses. Nous en sommes sortis trois sur quatorze. »

Une autre personne écrit : « Vers 6 heures, j'aperçus le lieutenant Psichari, sous un arbre, près de ses pièces, soutenant le capitaine Cherrier, blessé. Il se dirigea avec lui vers l'ambulance et le laissa à la porte pour retourner à sa pièce. A ce moment, les Allemands arrivaient à trente mètres. Le feu cessait et le lieutenant était assez isolé. Je le vis regarder le demi-cercle que formaient les Allemands autour de lui, se pencher soit sur son canon, soit sur un blessé et tomber mortellement frappé. Il tomba sur le canon et glissa à terre. »

Enfin, le médecin militaire B..., qui se trouvait au moment suprême à quelques pas du jeune héros, écrit : « ...Mort le soir d'une défaite, Ernest Psichari n'a pas une minute désespéré de la victoire finale, la seule qui compte. Je n'ai pu recueillir de ses propres lèvres l'aveu de cet espoir certain ; mais cette foi dans le succès final avec laquelle nous étions tous partis, je l'ai retrouvé le lendemain intacte, chez tous nos blessés, et certes, ce n'est pas Psichari, chez qui la confiance avait des assises beaucoup plus fermes que chez beaucoup d'autres, qui eût douté alors que personne ne doutait. Rien n'est donc venu assombrir sa fin de soldat. Ceux qui l'on vu plus tard ont été frappés du calme de ses traits ; autour de ses mains était enroulé un chapelet. »

Ernest Psichari avait accompli toute sa mission dans ce monde.

Un de ses jeunes amis, M. Maritain, m'a reproché d'avoir dit qu'il mourait ayant justifié son grand-père. Comment veut-on que je m'exprime ? Je ne fais pas de théologie ; je me place au point de vue d'un écrivain patriote. On a pu à diverses reprises suspecter la valeur éducative de l'œuvre immense et trop ondoyante de Renan. Comme elle est pleine de Germanie ! Comme elle manque de-ci de-là d'un violent parti-pris ! Ce n'est pas mon avis ; pourtant quelques-uns le jugeaient ainsi ; mais l'enfant se dresse auprès des siens pour dire, tout sanglant : « Au jour terrible, j'ai été votre défense et votre justification, votre bouclier et votre couronne. »

XVI

L'AMENDE HONORABLE D'UN CATHOLIQUE ESPAGNOL A LA FRANCE

Propagande à l'étranger.

26 Décembre 1915.

Un grand nombre d'Espagnols tiennent en toute bonne foi le Kaiser pour le défenseur et le vengeur de la religion. « Et moi aussi, je l'ai cru ! » s'écrie don Francisco Martin Melgar, « mais je viens faire amende honorable (1) à la France catholique. »

Quel est cet honnête homme qui s'élève pour nous rendre justice du milieu de ce Carlisme espagnol, si violemment hostile à la cause des Alliés ?

Secrétaire pendant vingt ans du dernier

____

(1) Une traduction de ce petit livre espagnol, l'*Amende honorable*, va paraître chez Bloud, avec une préface de Morel-Fatio.

Don Carlos, puis conseiller intime et éducateur de son fils, Don Jaime, Franscisco Melgar habite depuis longtemps Paris. C'est un vieillard de grande autorité auprès des catholiques espagnols les plus exaltés contre la France. « Oui, leur dit-il, j'ai crié comme vous haro sur la France impie. Au moment où éclata la catastrophe, ma première pensée fut qu'enfin cette nation sectaire et persécutrice allait recevoir le châtiment qu'elle-même avait appelé sur sa tête et que la justice divine avait choisi comme instrument de punition un souverain chevaleresque et magnanime tel que le Kaiser. J'étais en Autriche, au château de Frohsdorf ; brûlant d'avoir des nouvelles, je partis pour Vienne, et la première chose qui me tomba sous les yeux fut le document très réservé adressé par l'empereur d'Allemagne à celui d'Autriche, pour porter à sa connaissance l'ordre qu'il avait donné à son état-major de faire une guerre d'extermination. « Mon âme se déchire — disait le document — mais il faut absolument tout mener à sang et à feu, égorger hommes et femmes, enfants et vieillards, ne laisser debout ni un arbre. ni une maison. Avec ces procédés de terreur, les seuls capables de frapper un peuple aussi dégénéré que le peuple français, la guerre finira avant deux mois, j'en ai la certitude, tandis que, si j'ai des égards humanitaires, elle pourrait se prolonger pendant des années. Malgré toute ma répugnance, j'ai donc dû choisir le premier de ces deux systèmes qui épargnera beaucoup de sang, bien que les apparences puissent faire croire le contraire. »

« La lecture de pareilles atrocités fut une première douche très glaciale sur mes sentiments germanophiles, et j'ai commencé à me demander si le pseudo-Constantin n'était pas autre chose qu'un monstre sanguinaire. J'étais plongé dans ces méditations quand j'entendis crier les journaux du soir. Je cours les acheter, et j'y trouve une allocution du Kaiser à ses soldats, disant : « Je viens d'apprendre que deux médecins militaires français sont parvenus à se glisser par surprise dans la place de Metz, et qu'ils ont empoisonné avec des microbes du choléra asiatique les puits où la garnison puise l'eau. Je vous dénonce ce crime épouvantable. A vous de réfléchir quels moyens vous devez employer pour venger vos camarades condamnés à un genre de mort tellement atroce. »

« Alors j'ai reçu plus qu'une simple douche, un déluge. Cet homme, me suis-je dit, est non seulement cruel, mais calomniateur. Sû-

rement, il n'est pas un idiot ; il faudrait l'être
pour s'imaginer que les Français, dont le premier objectif était Metz, allaient introduire de
gaieté de cœur dans cette région une épidémie
aussi mortelle pour eux que pour les autres,
attendu que les microbes ne distinguent pas
les uniformes ni les nationalités. Donc, le
but de cette allocution ne peut être que de
suggérer aux soldats l'idée de ne pas accorder
de quartier. »

Un mois après, M. Melgar se trouvait en
France. Il eut l'occasion de lire un grand
nombre de ces « journaux de guerre », rédi-
gés par des soldats allemands, où ces misé-
rables racontent qu'ils ont fusillé des femmes,
pendu des prêtres, arrosé de pétrole et flambé
vifs des prisonniers. Ces cahiers sont collec-
tionnés à la Bibliothèque Nationale. Bedier en
a publié des extraits. Le gentilhomme catholique était fixé sur la religion et la morale de
Guillaume.

Un autre fait — qu'il met au défi qui que
ce soit de contester — l'a édifié sur le mépris
de la Germanie pour l'Espagne. A Vienne,
dit-il, au début de la guerre, l'ambassadeur
de Russie, en recevant ses passeports, annonça
qu'il confiait ses concitoyens aux soins de
l'ambassadeur d'Espagne, qui l'accompagna

jusqu'à la gare du départ. Le train était si petit qu'il fut impossible d'y tasser tout le personnel russe ; deux employés de la chancellerie restèrent sur le quai, sous la protection de l'ambassadeur espagnol, qui les conduisit dans sa voiture au palais d'Annagasse.

Le lendemain matin, un commissaire de police frappa à la porte de l'ambassade. Écoutez le dialogue :

Le Commissaire. — Je viens arrêter deux espions russes cachés dans ce palais.

L'Ambassadeur. — Je ne suis pas un recéleur d'espions, et vous n'avez pas le droit de franchir cette porte. Ici, nous sommes en territoire espagnol.

Le Commissaire. — En temps de guerre, l'extraterritorialité n'existe pas.

L'Ambassadeur. — Permettez... Les immunités diplomatiques sont plutôt accordées pour le temps de guerre que pour le temps de paix, de même que les médicaments s'emploient plutôt dans les maladies que dans les circonstances normales. Je vous défends de passer les frontières de ma patrie.

Le Commissaire. — Livrez-moi les espions, ou je fais fouiller le palais.

L'Ambassadeur. — Je ne vous livrerai personne et vous ne fouillerez rien.

Le Commissaire. — Alors, j'emploierai la force.

Et il le fit. Il s'en alla chercher de la troupe, mit la main sur les deux malheureux et les plongea dans un cachot, d'où ils ne seront probablement sortis que pour s'en aller dans l'autre monde..... mais les Espagnols? Nous savons tous, en France, qu'ils sont vifs sur le point d'honneur. Que pensent-ils de cette révélation? La Germanie, qui se plait à essuyer ainsi ses larges pieds, comme sur un paillasson, sur le noble drapeau rouge, jaune, rouge, a des affronts tout particuliers pour le parti carliste. A la mort de Don Carlos, son fils, Don Jaime, fit part à toutes les cours de l'Europe de la perte qui le frappait, et tous les souverains lui envoyèrent leurs condoléances. Tous, excepté l'empereur Guillaume, qui ne voulut pas recevoir la lettre. « Il n'admettait pas de correspondance avec des gens qu'il ne connaissait pas. » Belle goujaterie, que je prie les carlistes de comparer avec tous les témoignages d'estime efficace que la France a su leur donner au xixe siècle. Morel-Fatio écrit très justement que même les Français qui ne partageaient pas les opinions politiques et religieuses des carlistes espagnols ont rendu hommage à leur bravoure, à leur esprit de sacrifice et à leur fidélité, quand, après avoir combattu en Espagne, ils sont venus chercher un refuge sur notre territoire.

Qu'est-ce donc que cette froideur et cette fatigue de l'âme espagnole, qui accepte, appelle le triomphe de ceux qui la nient? C'est un effet des gaz asphyxiants. Les nuages infects du mensonge allemand enveloppent les catholiques espagnols, les isolent de la réalité et leur tueraient l'âme si la vérité ne venait à temps délivrer leur respiration.

Quand les Espagnols étaient plus cultivés, quand ils voyageaient, quand ils étaient dans les Flandres, en Franche-Comté, à Milan, à Naples, ils vivaient à côté des hérétiques et les détestaient. Ils aimaient alors la France catholique. Toute la tradition espagnole a été la lutte contre le protestantisme. Je prends ce point de vue puisque je parle à des carlistes, et je leur dis : « Comment! vous vous mettez avec le Kaiser qui glorifie son « ami Luther », qui déclare que « l'anéantissement de la superstition romaine est la pensée constante de toute sa vie? » Votre position est inexplicable! »

J'entends, on leur fait accroire que l'hérésie c'est aujourd'hui la France. Pour répondre à cet argument, le vieux carliste Francisco Melgar brosse un tableau digne des maîtres de l'École de Séville et que je découpe pour le plaisir de nos soldats qui s'y verront avec un peu d'étonnement peints à la Zurbaran.

Sur un immense front de bataille, qui va de la mer du Nord aux Alpes suisses et qui occupe plusieurs centaines de kilomètres, sont ouvertes deux rangées de tranchées.

Le clairon sonne l'attaque et, du fond des unes, s'élève une émouvante clameur religieuse, des invocations au Sacré-Cœur de Jésus, des appels à la Vierge Marie, et surtout le suprême appel aux miséricordes divines avec le cri mille fois répété de : Absolution! Et les ministres de Dieu étendent les mains sur ces foules croyantes pour les bénir.

Des tranchées opposées monte jusqu'aux cieux, ou pour mieux dire descend jusqu'aux abîmes, un hurlement satanique et des milliers de voix avec des accents gutturaux clament l'hymne de la haine, le Choral de Luther.

Faut-il former des vœux pour l'Allemagne ou pour les Alliés? Une telle question, en Espagne, pose un problème religieux. Un très grand nombre de nos voisins voient un abîme entre une nation catholique et une nation protestante. Hier, un Espagnol me disait : « Quand je voyage dans les pays hérétiques, je me trouve seul ! J'y suis presque dans l'angoisse; tandis que chez vous, je me sens chez nous. Du moment que dans chacun de vos petits villages vous avez un clocher qui s'élance vers le ciel, que votre gouvernement soit ce qu'il veut. »

Cette réflexion moderne est pleine de vérité. Les dignes Espagnols ne doivent pas s'arrêter à une vue superficielle de la France. L'effort du peuple et du clergé français, au lendemain de la séparation, mérite d'inspirer un profond respect à quelque homme que ce soit au monde qui comprend le sérieux de la vie religieuse. Il est bien facile de crier contre la France, mais je prie les catholiques espagnols qu'ils disent loyalement s'ils pensent que l'Église d'Espagne, le jour qu'elle aurait à traverser la crise de l'Église de France, en sortirait avec notre clergé, nos œuvres, nos universités catholiques et toute cette sublime jeunesse de réconciliation que président Charles Péguy et Ernest Psichari ?

Les Alliés ont droit qu'on salue leur génie de générosité, leur perpétuelle création. L'Angleterre a persécuté les catholiques au XVIIe et au XVIIIe siècle. Mais au XIXe, comme elle les a favorisés ! Elle a sauvé de la confiscation espagnole, en 1835, le Séminaire des Irlandais de

Salamanque, et encore le Collège des Anglais
de Valladolid, et encore, dans la même ville,
le Collège des Écossais. Tout cela, Melgar ne le
dit pas. Je l'inscris en marge de son livre. Ces
trois établissements avaient été créés par les
Rois Catholiques contre l'Angleterre protestante, et maintenant c'est l'Angleterre qui dé-
fend à l'anticléricalisme espagnol de les supprimer. Et de la même manière, aujourd'hui
que les Portugais viennent de chasser les religieux, qu'est-ce que je vois? Le gouvernement anglais a exigé que les religieux anglais
qui résidaient en Portugal y fussent mainte-
nus, et c'est nous qui, à Paris, avons recueilli
des religieux espagnols que l'Espagne avait
laissé expulser du Portugal. Parfaitement, je
vois à Paris, avec grand plaisir, tels prêtres
qui étaient aumôniers de l'ambassade espagnole
à Lisbonne et qui, chassés de Portugal ont
été autorisés à fonder une église rue de la
Pompe.

... Méconnaissance de l'histoire ancienne,
méconnaissance des faits actuels, voilà ce qu'il
y a au fond de cette excitation d'une partie
des catholiques espagnols contre la France. Ils
sont injustes par ignorance. Puisse notre voix
qu'anime, quelques-uns le savent, la plus
vive amitié, parvenir auprès d'eux.

Je sais bien que tout ce que je dis dans cet article ne concerne qu'une fraction du peuple espagnol. Mais peu à peu la grande lutte va tirer toute la nation de sa quiétude relative. Il ne suffit pas de vouloir rester neutre et de s'appliquer à se tenir en dehors du conflit. La fièvre se gagne ; les événements extérieurs s'imposent à la volonté pacifique du gouvernement le plus ferme. Ce n'est pas en vain que l'Espagne fait partie de l'Europe et représente une partie méditerranéenne avec des intérêts très précis. Dans son isolement, elle subit à son tour et à sa manière les répercussions de tout ce qui se passe à côté d'elle. Je ne parle pas seulement de l'affaire des sous-marins et de la question marocaine. La question économique existe. Il serait possible qu'un certain équilibre moral, plus ou moins fictif, arrivât à être rompu, et il est de grande importance que nous ne négligions rien de ce qui peut agir en notre faveur auprès de chacun des partis espagnols. Je souhaite que les carlistes accueillent l'*amende honorable* de Francisco Melgar, ce cri arraché à la conscience de l'un d'entre eux.

XVII

POURQUOI LES ALLEMANDS NE MARCHENT PAS SUR SALONIQUE

27 Décembre 1915.

Le Kaiser raconte à l'univers qu'il va prendre l'offensive en Belgique, sur Noyon, en Alsace...., au Monténégro, en Albanie, à Salonique, sur le Nil, en Mésopotamie, en Perse, sur Dvinsk. C'est bien du travail! Ses sujets aimeraient mieux qu'il leur donnât des pommes de terre et du lard.

Il n'a plus les effectifs qu'il lui faudrait pour batailler de tous les côtés à la fois. Il faut qu'il choisisse. Le bon sens lui conseille de s'essayer d'abord sur l'Albanie, le Monténégro et Salonique. Tout semble annoncer qu'il voudra marcher sur Salonique avant de tenter les offensives qu'il affecte de préparer en France. Un front de quinze jours doit offrir une moindre résistance qu'un front d'une année.

Mais pourquoi la marche sur Salonique n'est-elle donc pas commencée? Qu'attendent ces Germano-Bulgares? Qu'est-ce qui les empêche de poursuivre le corps anglo-français en territoire grec?

Il y a trois semaines, ils avaient pu espérer envelopper sur le Vardar nos soixante mille hommes. Quel succès pour eux! Et pour nous quel désastre, où notre emprunt eût été compromis! Nos troupes ont su habilement manœuvrer et se réfugier sur Salonique. Comment les Allemands n'ont-ils pas profité de la supériorité du nombre pour nous acculer à la mer avant que nous eussions pu nous retrancher? Pourquoi nous laisser dix jours de répit durant lesquels nous nous sommes organisés? Réjouissons-nous. Par une faute inexplicable, nos ennemis viennent de perdre le bénéfice militaire de leur opération.

Que s'est-il donc passé? Dans quelles difficultés matérielles et morales s'embourbent les Allemands, flanqués de leurs Autrichiens et de leurs Bulgares?

On n'est pas très fixé. Je me renseigne. Celui-ci me dit qu'il n'ont plus assez de monde; cet autre, que leurs difficultés diplomatiques s'accroissent.

Les élections grecques se faisaient. Les Allemands voulurent-ils donner du temps à Constantin afin de lui faciliter son jeu bienveillant en faveur des empires du centre? Se trouvèrent-ils arrêtés par un problème plus sérieux, la compétition des Autrichiens et des Bulgares sur Salonique? L'état-major doit se demander comment il composera le contingent qui pénètrera en Grèce. C'est d'après cette composition que le partage devra être réglé.

Voilà les difficultés diplomatiques. Je crois les militaires plus graves. L'armée bulgare n'est-elle pas très usée? Que sont les gênes et les retards du ravitaillement? Peut-être les troupes germano-bulgares sont-elles absolument obligées de souffler et de se refaire avant que d'être en état de franchir la frontière.

Quelle que soit la cause de ces heureux délais, ils nous ont sauvés, en nous donnant le temps de fortifier Salonique selon les méthodes que conseille l'expérience de cette guerre. Fils de fer, tranchées, blockhaus de mitrailleuses, grosse artillerie sur terre et sur la flotte, voilà tout ce que les Germano-Bulgares trouveront demain quand ils avanceront. Nous amenons chaque jour des canons et des hommes. Pour enfoncer une ligne ainsi organisée et dans laquelle veillent deux cent mille soldats de troupes fraîches, il faudrait quatre cent mille Germano-Bulgares et un matériel considérable d'artillerie lourde. Où sont-ils? Comment amener à pied d'œuvre les canons nécessaires? Les voies ferrées de Serbie ont été très endommagées et la saison crée un formidable obstacle.

Je penche à croire que c'est la difficulté matérielle qui retarde nos ennemis. Mais il est bien permis de penser que les difficultés morales ne leur manquent pas. Si humbles que soient les tristes alliés de l'Allemagne, voici venir le moment où ces vassaux ne pourront pas ne pas montrer leurs volontés particulières. L'Allemagne leur a mis le joug sur les épaules ; elle a su unir et lancer contre nous toutes leurs forces, mais la nature des choses ne permettait pas qu'elle coordonnât tous leurs intérêts internes. Les individualités nationales subsistent sous la botte de l'état-major allemand. Autriche, Bulgarie, Turquie demeurent préoccupées de leur croissance future, et des oppositions apparaissent entre ces coalisés.

Pourquoi nos ennemis se sont-ils arrêtés sur la frontière grecque? On n'en saurait pas donner, à mon avis, une raison unique. C'est un ensemble de difficultés diplomatiques et militaires qui paralysent à cette heure l'Allemagne. Pour nous, quel coup de chance!

Plus les Germano-Bulgares tergiversent, plus les conditions de la lutte à Salonique se déplacent en notre faveur. Désormais on peut attendre avec tranquillité la solution d'un problème qui, les mois derniers, fut bien angoissant. Notre affaire, qui se présentait mal, s'est améliorée par le plus heureux concours de circonstances. C'est à un réel danger que nous avons échappé. Durant plusieurs jours bien sombres, en suivant sur la carte leurs manœuvres pour investir nos soixante mille hommes du Vardar, nous nous disions que nous laisserions là-bas des prisonniers ou bien que nous aurions à rembarquer sous le canon de l'ennemi. Mais nos chefs ont admirablement manœuvré. Et puis la Fortune nous favorisa. A cette heure, nous avons le bénéfice moral d'avoir couru à l'aide des Serbes. Notre honneur est sauf. Dès l'instant qu'un désastre ne s'en est pas suivi, c'est d'un bel effet que la France, une fois de plus, se soit jetée dans l'embarras parce que ses amis poussaient un cri d'alarme. Et puis notre espérance ne s'est pas envolée des Balkans ; nos chances demeurent avec nos soldats sur la plage de Salonique.

XVIII

NOS DIX-HUIT COMITÉS RÉGIONAUX
LA FÉDÉRATION NATIONALE DES MUTILÉS

Les invalides de la guerre.

29 Décembre 1915.

Il serait fâcheux qu'une série de déracinements fussent le résultat d'une généreuse initiative. Nous devons nous préoccuper que notre propagande pour les invalides de la guerre ne tourne pas à les attirer à Paris. On peut dire que la constance sans éclat du « poilu » est faite de nos meilleurs qualités régionales ; il ne faut pas qu'invalide il boude son terroir, mais il y a là une question économique et puis une question d'organisation.

Un grand nombre de mutilés hésitent à regagner leur village natal. Qu'y ferons-nous? disent-ils. Vous y ferez les métiers de tailleur, cordonnier, ferblantier, que nous allons vous apprendre, ou bien encore vous vous rendrez indispensables à la ferme parce que vous saurez manier l'outil, travailler un peu le bois et le fer, et tirer tout le parti possible d'une machine.

En outre, nous formons des ouvriers agricoles. Je l'ai déjà dit ; je crois utile de le répéter.

L'école d'agriculture de Limonest existait avant la guerre ; elle a été mise par l'Union du Sud-Est à la disposition de nos mutilés. Pour chacun de ceux que nous y envoyons, nous versons à l'école une indemnité de 2 fr. 50 c. par jour qui assure leur existence. De son côté, la Société des agriculteurs de France, c'est-à-dire la plus grande société agricole de notre pays, nous a proposé de recevoir nos pensionnaires dans une école qu'elle possède à Beauvais. Ainsi pouvons-nous dès maintenant augmenter le nombre des mutilés que nous dirigerons vers l'agriculture. Que leurs amis ou conseillers leur fassent remarquer que l'*Union des syndicats du Sud-Est* et la *Société des agriculteurs de France* sont admirablement qualifiées pour les placer, une fois que leur rééducation est terminée et que nous leur avons fourni l'appareil le plus convenable.

Mais ce n'est pas assez d'apprendre ou réapprendre aux soldats blessés des métiers de village. Au lieu de les attirer dans nos œuvres de Paris, nous devrions, dès le début, chercher à les ramener dans le pays d'où ils sont originaires. Nous attachons une grande importance à les confier aux soins d'associations régionales.

Ce que nous avons voulu fonder, ce que nous développons depuis tant de mois avec les plus admirables concours d'activité et d'argent, ce n'est pas seulement le Comité de Paris que préside Louis Barthou et dont chacun connaît les *Ateliers de la rue des Épinettes* et l'*Internat du quai de la Rapée,* c'est un ensemble de comités sur tout le territoire, c'est une Fédération nationale.

Au début, pour ne pas émietter les efforts, nous projetions de constituer un comité par région de corps d'armée. Ni plus, ni moins. Mais essayez donc de vous tenir dans un système ! Il faut accueillir comme elles poussent les branches vigoureuses d'un bel arbre. Se soustraire au cadre départemental, c'est une audace à laquelle de plus entêtés que nous ont dû renoncer. Chaque préfecture est habituée à avoir ses œuvres locales et, si j'ose dire, elle jalouse la préfecture voisine. Les personnalités désignées par leur situation pour prendre les initiatives nécessaires ne se connaissent guère, d'un département à l'autre, ou ne sont pas disposées à collaborer, c'est-à-dire à se subordonner. Quelles qu'en soient les raisons, c'est un fait que nous avons dû abandonner l'idée séduisante de la région, et que nos souscripteurs et organisateurs en province se sont réunis par départements. Encore, dans la Seine-Inférieure, avons-nous deux groupes, au Havre et à Rouen.

Sur la question du règlement, nous avons procédé avec la même souplesse. Une des plus belles sociétés qui existent, la Société d'assistance aux blessés, a un principe très ferme. Son comité central impose un mode de fonctionnement uniforme à tous ses comités locaux ; en outre, il prélève un pourcentage sur leurs ressources. Ce n'est pas notre système. Nous mettons à la disposition de nos formations de province un projet de statuts-modèles, qu'elles adoptent le plus souvent, mais parce que c'est leur bon plaisir ; nous nous bornons à exiger que leurs statuts ne contiennent rien qui contredise les nôtres, et qu'elles s'engagent à nous faire toutes communications utiles. Nous leur laissons la plus grande autonomie, et, loin de rien prélever sur leurs recettes, nous les subventionnons.

A cette heure, nous avons pu provoquer ou favoriser la création de quatorze comités

régionaux, à Bayonne, Besançon, Bourg,
Fontainebleau, le Havre, Limoges, Nancy,
Nîmes, Pau, Poligny, Rouen, Versailles, Tou-
louse, Yvetot, auxquels il faut joindre l'*École
de rééducation professionnelle de Lyon*, qui est
l'œuvre déjà fameuse de notre vice-président
Herriot, l'*École de rééducation professionnelle
municipale de Marseille* et l'*Œuvre des Mutilés
de la guerre*, gérée par la commission départe-
mentale de centralisation des secours aux blessés
militaires de la Loire-Inférieure. Ces trois
œuvres ont un caractère municipal ou départemental, et par là ne pouvaient pas, à stricte-
ment parler, entrer dans notre faisceau d'associations ; mais comme nous désirons les uns et
les autres créer entre nous des liens, elles font
partie de notre Fédération, non pas au titre
d'affiliées, mais en qualité d'adhérentes. C'est
d'ailleurs exactement la même chose. Et vous
voyez qu'à cette heure, si l'on compte le comité
de Paris, notre Fédération peut s'enorgueillir
de dix-huit comités.

C'est très bien ; ce n'est pas suffisant ; regardez une carte : nous n'avons pas encore
un comité (j'appelle cela un poste de secours)
dans toutes les régions de la France. Quand
un mutilé s'adresse à nous du fond de la province, faut-il donc qu'il prenne le train ? Le

bon sens voudrait pouvoir le diriger sur l'association affiliée la plus proche du lieu d'où il nous écrit. Nul trésor, en effet, ne suffirait à faire voyager de toute la France vers Paris les quinze mille mutilés que l'on compte déjà. Et puis il est bon que le bienfaiteur soit rapproché du soldat qu'il veut aider. Nous sommes ainsi faits que chacun de nous éprouve son maximum de plaisir à doter une œuvre qu'il voit fonctionner quasi quotidiennement sous ses yeux.

J'ai confiance que mes lecteurs vont maintenant s'employer à créer des comités locaux dans les régions encore dépourvues. Peut-être désireriez-vous plus de détails sur les dix-huit associations déjà constituées? Devrais-je, les ayant nommées, les reprendre une à une? Rien de plus aisé; j'ai sous les yeux d'excellentes notes des secrétaires généraux de la Fédération, MM. Olivier Sainsère et André Silhol, à qui nous sommes redevables des résultats obtenus, mais je crains d'être long sans être complet. La Fédération prépare une brochure, un guide, un historique. Ah! si j'avais la liberté de vous raconter comment se crée une œuvre, quelles sympathies et quelles hostilités elle rencontre. Ce serait d'un intérêt philosophique.

L'État n'a qu'une âme de défiance devant les associations privées, quelles qu'elles soient. Cela, nous le savons d'antique science. Il ne favorise pas nos œuvres de mutilés. Le ministre de l'intérieur ne pouvait pas s'opposer à leur formation, mais il leur refuse toute subvention, sinon parfois un, deux ou trois billets de mille francs. En revanche, pour les écoles rattachées à des personnalités administratives, à des départements, à des communes, et qui vivent sous son contrôle, il s'engage à combler leur déficit en fin d'année. C'est bien tentant.

Tel est pourtant l'attrait de la liberté, que je ne doute pas que nous ne dépassions rapidement notre chiffre déjà fort beau de dix-huit comités et je fais appel avec une complète confiance aux libres initiatives pour de nouvelles organisations.

Nous ne devons pas nous imaginer qu'en dehors de la guerre proprement dite, on a droit, au repos, à la tranquillité et à se promener les mains dans les poches, en devisant des événements. Ce n'est pas seulement dans l'action militaire que les deux peuples confrontent leurs énergies. Les Français non mobilisés ont à montrer leur valeur, leurs aptitudes. Alors que l'Allemagne entière collabore à la guerre mondiale, nous aussi, nous devons avoir à cœur de nous employer de toutes nos puissances et jusqu'au complet épuisement de notre être, sur le terrain où nous sommes le plus capable, ou simplement au poste que la destinée nous a préparé. Si les particuliers et les associations ne prennent pas, ne veulent pas prendre, ne savent pas prendre les initiatives nécessaires, il faudra pour tout s'en remettre à l'État... Notre campagne pour les mutilés a précédé et guidé l'effort de l'État ; cela est bon ; cela est conforme à l'idée que nous nous faisons du génie français plein de ressources, toujours inventif quand la situation l'exige... Mais si l'initiative individuelle s'était arrêtée, avait échoué, s'était mal organisée, s'il avait fallu qu'une fois de plus le tout-puissant État se chargeât seul de tout l'effort, n'eût-ce pas été là un échec de l'esprit français, de la manière française et une sorte de victoire du système allemand sur une plus libre civilisation ?

P.-S. — Je ne veux pas laisser passer sans souligner leur portée les déclarations de Louis Barthou : « Pas de paix sans l'Alsace-Lorraine. Nul plébiscite : les deux provinces retrouvent après une absence leur place au foyer français. » C'est la note qu'Albert Thomas et la Ligue des Patriotes avaient donnée à Champigny. A leur heure, tous les hommes d'État viennent affirmer la volonté unanime du pays. La pensée de Louis Barthou n'a pas attendu aujourd'hui pour se faire connaître, mais on notera les applaudissements qui ont accueilli son éloquente expression.

XIX

L'INSTRUCTION MILITAIRE A L'ARMÉE

30 Décembre 1915.

« La nation exige qu'ils fassent leur devoir, tous ceux qui ont la charge d'*instruire* les jeunes gens de la classe 1917 et de les *préparer* pour la grande lutte... Ainsi parle Galliéni dans son excellent discours aujourd'hui affiché sur toutes les murailles. Et c'est un mot d'ordre qu'il faut accueillir, élargir et appliquer non pas dans les dépôts seulement, mais dans les cantonnements de l'arrière.

Il ne s'agit pas de fatiguer les soldats en exercices rebutants et inutiles, mais de donner à chacun d'eux, aux jeunes et aux vieux, l'instruction qui se dégage de cette guerre.

Le long du front, un peu en arrière des combattants, c'est toute une série d'écoles variées : écoles de mitrailleurs, écoles de sous-officiers, voire des petites écoles de guerre où l'on enseigne la stratégie pour former de nouveaux officiers d'état-major. J'ai raconté la visite que j'ai faite, cet été, dans un village du Nord où des jeunes Anglais, tirés de leurs tranchées pour trois semaines, un mois, apprenaient à l'ombre d'un beau parc, tantôt dans des manuels, le plus souvent par des exercices, le métier de chef de section. La casse a été grande. Dans toutes les armées, on s'ingénie à former des cadres.

Un ami m'écrit : « Nous allons examiner, au point de vue de la culture générale, les candidats aspirants-officiers de notre corps d'armée. Cela me paraît presque drôle, de poser des questions et de juger des réponses ! Ces deux journées m'ont mis en présence de quarante garçons dont il faut voir si on peut faire des officiers : des aspirants d'abord, puis de rapides Saint-Cyriens de guerre. Plein d'intérêt et d'une sorte de poignant imprévu, cet interrogatoire, dans des villages en ruines, de grands garçons de dix-neuf ans venant, en

casque de tranchée ou un revolver d'artilleur
en bandoulière, avec des émotions de candidats au bachot, parler de La Fontaine ou
de la Révolution à un capitaine. En parler ou
n'en pas parler, car rien n'a été plus inégal
que cette épreuve de « culture générale ».
Là encore, on pouvait voir combien les mou-
lins à prières thibétaines de nos plus récentes
écoles primaires ont faiblement engrené de modestes cerveaux. « La guerre de 70? Oui, j'en
ai entendu parler... C'est nous qui avons gagné,
après quoi nous avons donné cinq milliards
et le Congo aux Allemands. » Le commandant X..., à côté de moi, recueillait des
réponses du même genre sur la Garonne qui
prend sa source dans les Ardennes, sur Nancy
qui est en Alsace, sur la mutualité qui est le
« droit de l'État à prendre l'argent des caisses
d'épargne ». A côté de cela, quelle joie de
trouver de ces beaux grands garçons éveillés,
vous parlant des livres qu'ils ont avec eux
dans les tranchées, comprenant très bien la
nature et la portée de cette guerre, se rendant
compte que la France mérite de vaincre pour
autre chose que l'inertie et le débraillé à perpétuer librement !

« Et quand je prêtais l'oreille aux entretiens de ces petits, dans le coin où causaient

ceux qui avaient fini, j'étais tout attendri
de les entendre, s'intéressant à ce qu'ils
avaient à faire, à leurs emplacements et à
leurs missions réciproques. Qu'ils faisaient
plaisir à voir, ces grands garçons de saine
mine, un peu fluets d'épaules dans l'engon-
cement du manteau, mais portant si allègre-
ment la destinée dévolue à leur génération !
Petits guerriers sans moustache, aux bonnes
grosses lèvres enfantines, ayant un air mi-
sérieux, mi-enfantin, un pli puéril de la
bouche qui contraste avec la gravité du
regard. Fils de famille ou gens du peuple, je
vous garantis qu'ils étaient bien « union
sacrée », et sur les quarante, certainement
vingt-cinq avaient déjà tout ce qu'il faut pour
être, même aussi jeunes, des petits chefs qui
sauront se faire aimer et obéir. Seulement il
se pourrait bien que ce soient plutôt ceux
qu'on aurait appelés il y a deux ou trois ans
les fils à papa ou les fils d'archevêque. Plus
je vais dans cette guerre, plus j'admire certaines persistances, certains petits îlots qui ont
maintenu, de l'admirable façon que l'on voit, le
sens des dévouements et des héroïsmes nécessaires. L'instruction proprement dite faisait à cet
égard assez peu de chose, et des sources plus ac-
tives, tradition de famille, ou bien éducation

religieuse, ou bien propreté d'âme naturelle, y
ont eu plus de part que les leçons de l'école... »

Ces réflexions et cette image sont intéressantes à recueillir sur le vif. C'est un tableau
important à placer dans cette galerie, de jour
en jour varié, que nous cherchons à constituer à la gloire de notre nation pendant ces incroyables mois. Mais ce n'est pas
des jeunes seulement qu'il faut se préoccuper.
Pensons à donner l'instruction aux troupes de
seconde ligne, à ces territoriaux qui ont
magnifiquement montré qu'ils ne voulaient
pas n'être que des terrassiers, et à toutes les
troupes de l'arrière.

Ceux qui ont reçu autrefois l'instruction
normale de l'active ne sont pas à même de
faire face aux nécessités d'aujourd'hui. C'est
une expérience toute nouvelle qui se dégage
des derniers dix-sept mois. Les territoriaux
sont très aptes à la recevoir. Leur sang-froid
les prépare au tir. Les Boers, qui étaient souvent des vieillards, ont laissé la réputation des
meilleurs tireurs du monde. Souvent ils jette-
ront mieux la grenade que ne feraient d'abord
des jeunes soldats; il ne la lanceront ni trop
tôt, ni trop tard. Pour l'emploi des engins
nouveaux, créés à l'usage des tranchées,
ils se révèleront plus habiles que des adoles-

cents qui ne savent pas se servir de leurs dix doigts. Un ouvrier mécanicien fournira d'emblée un excellent mitrailleur ; ses doigts sont faits aux montages et démontages. « Tout homme sera apte à se servir d'une mitrailleuse », dit un règlement allemand saisi sur un prisonnier. Dressons-nous à l'arrière tous les soldats à être des combattants ?

Évidemment, ce sont des frais ; il faut des cartouches, des grenades ; mais à cette heure, nous sommes moins à court ; on peut donner aux territoriaux du matériel d'instruction. Peut-être aussi quelque colonel blessé, retiré du front pour un temps, pourrait-il venir un mois ou deux les commander ? Il renouvellerait le régiment. Non pas un lieutenant ou un capitaine, mais un colonel apportant les doctrines de l'heure, les réalités du front. Comme il serait bien accueilli de tous ! Les officiers de territoriale sont très désireux de s'adapter. Les gradés inférieurs profiteraient autant que les hommes. Combien y a-t-il de chefs de section qui sachent diriger le tir sur un aéroplane ? Tout groupe de mitrailleurs est-il prêt à monter sa mitrailleuse sur un arbre, pour échapper aux gaz asphyxiants ? En apprenant aux troupes de l'arrière cette guerre spéciale, on renforcerait encore leur moral.

Des hommes qui savent bien leur affaire regardent toutes les perspectives avec un cœur autrement solide.

Voilà dans quelle voie, dans quel labeur l'année 1916 surprend notre armée. En même temps que nous enregistrons les signes de la fatigue intérieure des Allemands, nous devons nous organiser en vue de la guerre longue. Économisons nos soldats et sachons faire les efforts d'instruction nécessaires pour que chacun d'eux fournisse tout ce qu'il possède de vertu guerrière. Nos ennemis souffrent d'un abaissement de la valeur professionnelle dans leur armée. Un des prisonniers que nous venons de leur faire a dit qu'on avait coutume de leur répéter : « Deux cents hommes tués se retrouvent plus facilement qu'un officier. » C'est un aveu. En même temps que nous arrivons à nous constituer une armature industrielle qui vaut la leur (et qui bientôt la dépassera, les manufactures anglaises atteignant leur plein rendement), tirons parti, grâce à une instruction bien conduite, de la supériorité naturelle du Français pour l'art de la guerre.

XX

SALUT DE BONNE ANNÉE

31 Décembre 1915.

Nous saluons l'année qui s'en va, l'année 1915, ses morts et ses vivants. Nous n'en sommes plus à faire le détail de nos sacrifices; ils se confondent dans la noble saignée que les artères de France ont dû subir pour « rompre » le fer de l'envahisseur. Au début, il m'était permis de saluer ici, parfois, les morts nommément. Aujourd'hui le deuil national est fait de trop de douleurs particulières; on n'ose plus tenter aucun dénombrement. Mais au terme de l'année, quand nous considérons le long espace franchi et les résultats obtenus, notre gratitude notre hommage pieux se tournent vers les morts, leurs familles et leurs frères d'armes.

Que les survivants se disent que ces héros que nous honorons avec eux sont tombés pour un grand résultat. Il fallut ces sacrifices réitérés pour suppléer à un régime d'improvisation; et ces efforts mortels nous donnèrent

le temps d'organiser les merveilleuses ressources matérielles et morales d'un pays simplement dévoyé par son régime politique.

L'Allemagne était prête pour la guerre.
Elle y était prête non seulement par l'effort
de ses professionnels, de son état-major, de
son corps d'officiers, que l'État honorait,
soutenait, encourageait, écoutait, mais par
l'effort de ses industriels, de ses intellectuels,
qui, tous, voyaient l'orage sur l'horizon et
l'appelaient de leurs vœux criminels.

En France, au contraire, pour cette belle
raison que la guerre est un mal, on tenait en
suspens l'armée, et l'on s'efforçait de diminuer
les sentiments qui seuls peuvent assurer la
victoire. Nous allions chercher nos idées à peu
près aux antipodes des vraies exigences de
l'heure présente. Rappelez-vous quelles divi-
nités nous érigions, les années dernières; en
grands cortèges, toutes pompes dehors, nous
rendions des honneurs inouïs à Zola, à Dide-
rot, à J.-J. Rousseau qui ont passé leur vie à
dissoudre la plupart des choses qui sont indispensables à l'existence sociale; voilà les
hommes, les œuvres, les symboles que nous
portions en solennité au temple de la patrie.
Ce n'était pas nous entraîner aux idées d'organisation et encore moins aux sacrifices

exigés par toute organisation. Un peuple qui se choisit de tels modèles, si troubles, a beaucoup à faire, quand vient l'heure terrible, pour modifier ses vues profondes, sa manière de se comporter vis-à-vis des problèmes de la société et de l'existence. Heureusement cet aiguillage à faux nous venait du personnel dirigeant. Le mal demeurait à l'épiderme. Des îlots résistants subsistaient autour desquels se cristallise malgré tout ce qui veut vivre et mérite de vivre.

Des forces qui avaient été préservées de la politique par dégoût ou par mécompte et qui se trouvaient ainsi en réserve ont surgi et vont peu à peu donner l'orientation du salut à notre pays. Ceux qui avaient de mauvaises fiches, ceux qui n'étaient pas jugés dignes de collaborer à l'œuvre d'avant-hier apparaissent peu à peu comme les capacités prévoyantes et agissantes auxquelles, dans cette crise d'homme que traverse le régime, il devient sage et nécessaire de recourir.

Aussi la certitude de victoire que tout patriote porte en soi trouve-t-elle, chaque jour, plus de raisons et plus de faits qui la justifient. « Il est naturel, me fait observer un sage correspondant (celui que j'appelle l'admirateur de Vigny), que quelques-uns connaissent

parfois des périodes passagères de découragement ; il faudrait être démuni de nerfs et
dépourvu de cœur pour traverser tant de
jours d'angoisse et pour côtoyer tant de
détresses sans en prendre un reflet de deuil.
Mais les hommes dont la pensée inclinait vers
quelque pessimisme gardent mieux leur équilibre et leur énergie, dans ces sombres jours,
que les illusionnistes dont la facile confiance
accordée à la vie et à l'espèce humaine était
destinée à s'effriter au contact des réalités.
On comprend bien qu'un Jules Lemaître ou
un Paul Hervieu, trop disposés peut-être,
dans leur for intérieur, à faire tous les cré-
dits à la nature humaine et à la bonté des
choses, se soient sentis déconcertés « jusqu'à
la mort » par un état qui venait démentir le
statut sur lequel ils croyaient vivre ».

C'est vrai, il faudrait être sans nerfs et
sans cœur pour ne pas s'émouvoir de tout ce
qui, depuis dix-sept mois, remue jusqu'en son
tréfond une humanité qui pouvait paraître
d'accord sur certains principes et certaines
tendances ; mais il faudrait être sans yeux et
sans âme pour ne pas apercevoir les faits de
noblesse, de générosité et d'intelligence qui
haussent notre pays, du milieu de ces barba-
ries, à un degré d'élévation où nul des

Français qui vivent aujourd'hui ne se rappelle l'avoir vu.

Salut malgré tout à l'année 1916, qui se lève dans le sang, mais où la France et ses Alliés, ayant achevé d'adapter leur esprit à la guerre, rompront décidément l'équilibre en leur faveur, parce qu'ils comprennent, après dix-sept mois, qu'une seule chose importe : mener la guerre à une fin heureuse. L'Angleterre se fait violence et sacrifie ses principes pour adopter le service obligatoire; nos pacifistes français renoncent, au moins provisoirement, à leurs directives propres pour se ranger à ce que réclame le Salut public. Ce sont là des sacrifices nécessaires à toute organisation. C'est dans la mesure où nous les constatons chez nous et nos Alliés que nous sommes assurés du succès. Pour vaincre, chacun de nous doit mettre au tas ses forces totales et faire abnégation de sa personne et de ses idées personnelles lorsque l'intérêt commun le demande. A ce prix, la victoire est certaine.

Quelle joie ce sera alors de reparaître à l'étranger ; d'imposer nos méthodes d'esprit à des neutres hypnotisés par le germanisme triomphant ; de voir la rive gauche du Rhin soustraite à une hégémonie envahissante ; de retrouver classées chez nous au premier rang les vieilles vertus militaires, les hautes notions d'honneur, et d'avoir en ceci été du côté des bons ouvriers et des clairvoyants avertisseurs, non parmi les mauvais bergers et les endormeurs. Je ne crois pas à une transformation des vieilles gens ; ceux qui avaient pris position ne feront pas un sincère *mea culpa* ; mais les jeunes générations sont éblouissantes d'ardeur, et je ne sais quel obscur instinct de défense leur a enseigné l'attachement à d'autres notions que celles que leur offre une politique qu'elles méprisent; et puis tous ceux qui auront vu de près cette guerre auront foi dans quelques saines réalités que hier méconnaissait ou bafouait.

Entrons avec optimisme dans l'année 1916. Non pas l'optimisme béat du *fara da se*, qui s'exhale encore trop aisément chez beaucoup de nos compatriotes, mais l'optimisme de l'effort et de l'action, le seul qui signifie quelque chose. Ayons le cœur vaillant, nous tous, gens de l'arrière, en prenant modèle sur ces Français incomparables, les soldats des tranchées, à qui chaque patriote envoie avec reconnaissance son salut de bonne année.

XXI

LE TOUR DE LA CARTE

24 Janvier 1916.

Je m'excuse auprès de mes lecteurs de n'avoir pas été capable de remplir ma tâche, ces dernières semaines. Voilà vingt jours que nous avons interrompu nos entretiens ; tâchons d'en renouer le fil. Dans cette guerre, qui semble immobile, les événements ne laissent pas de se développer assez vite et, cette quinzaine, à notre profit. Pour les récapituler, faisons le tour du tableau en commençant par la mer du Nord !

Qu'est-ce qu'on nous disait ? Que les Allemands allaient fournir une offensive puissante dans le Pas-de-Calais, et que leur empereur arrivait en Belgique les stimuler de sa présence. Ce projet est tombé dans l'eau des inondations. Ils n'en parlent plus. Avec trois divisions, ils ont attaqué sur le front Mont-Têtu-Maisons-de-Champagne, mais sans réussir à nous prendre un seul élément de tranchée. Ils ont été aisément repoussés.

En Alsace, on nous avait annoncé un rassemblement de trois cent cinquante mille hommes sous la conduite de Mackensen. Rien n'est venu.

En Italie, la situation s'est plutôt améliorée. Nos alliés ont repris des tranchées.

Dans les Balkans, rappelez-vous comme nous étions inquiets, il y a quelques semaines! Aujourd'hui, nous nous savons à l'abri d'une défaite et même nous admettons que le vaste camp de Salonique peut nous fournir des bases solides et le point de départ pour une offensive. Nous redoutions que la Grèce passât dans le camp adverse, et que la Roumanie se détournât de nous ; on revoit du bleu dans le ciel. Nous avons sauvé une grande partie de l'armée serbe. La capitulation du Monténégro n'a pas été signée. La guerre continue dans de meilleures conditions au milieu de ces Balkaniques, à qui nous nous décidons à prouver par des actes que notre force ne fera qu'aller en s'augmentant.

En continuant le tour de la carte, nous arrivons à l'Orient proprement dit... Il y a quelques semaines, on menait grand bruit d'une expédition d'Égypte. A cette heure, c'est tout au plus si trente-cinq mille hommes sont rassemblés dans la presqu'île du Sinaï.

C'est insuffisant pour s'emparer du canal de Suez.

En Mésopotamie, les Turcs se vantaient de faire capituler la·garnison de Kout-el-Amara. M. Chamberlain nous a annoncé, voici déjà une huitaine, que la colonne de secours arriverait à temps, qu'elle n'était plus qu'à cinq ou six milles, et la liaison doit être faite à cette heure.

En Perse, une alliance est signée, et de plus en plus le soulèvement de l'Islam, sur lequel la partie naïve de l'Allemagne continue de compter, apparaît comme un des narcotiques avec lesquels l'empereur trompe cyniquement l'inquiétude de son peuple. Attendons le réveil et réjouissons-nous à penser que l'emploi de ces excitants est toujours suivi chez le patient d'une dangereuse dépression.

Au Caucase, vous avez vu les derniers succès des Russes. Leur offensive de Bukovine prouve la vitalité, l'énergie de leurs armées. C'est un front qui se rallume dans d'excellentes conditions. Les combats autour de Czernovitch ont une intensité qui, au dire des Autrichiens, ne fut jamais dépassée et Dvinsk demeure toujours aux mains de nos alliés.

Sur l'ensemble du tableau, les efforts de la

Quadruple-Entente commencent à s'engrener et en attendant que cette coordination aboutisse à une action offensive sur tous les fronts ans le même moment, ce qui sera le chef-d'œuvre de cette guerre mondiale, elle permet déjà d'heureuses décisions. Des mesures de blocus se préparent qui ne pourront qu'aggraver la situation économique de l'Allemagne. Depuis dix-huit mois, par mollesse, par indécision, par une coupable bonhomie, les Alliés admettaient que certains neutres eussent décuplé, que dis-je, centuplé leurs facultés d'absorption. On voyait de petites nations subitement douées d'appétits gargantuesques. Nous espérons que le temps est passé de ces tolérances qui éterniseraient la guerre. C'est maintenant l'heure du blocus étroit. On en peut espérer beaucoup, quand un blocus trop large a tout de même produit des effets indiscutables. Il ne paraît pas réalisable de prendre l'Allemagne, exactement comme une place assiégée, en l'affamant, mais on doit arriver rapidement à gêner sa vie économique de manière à déprimer gravement son moral.

C'est entendu qu'il faut toujours en arriver à tuer des Allemands et que rien ne dispense de cette terrible nécessité d'écraser les nuées de sauterelles qui sont venues s'abattre sur

les prairies de France, mais l'usure économique aggrave l'usure d'hommes, et au premier désastre de guerre que nous leur inflige-
rons, nos ennemis tomberont sur les genoux
si leur ventre qui est tout proche parent de
leur âme est décidément malheureux.

Les choses sont en bonne voie. Il y a un
mois, on pouvait être inquiet de la tournure
que prenait la guerre dans les Balkans et des
résultats matériels et moraux qu'entraînerait
l'évacuation entrevue de Salonique. Aujour-
d'hui l'équilibre s'est rétabli à notre avantage.
Une fois de plus, dans le succès même,
l'Allemagne a trouvé une déception épuisante.
Le peuple allemand comptait qu'enfin était
venue cette heure de la récolte qui depuis
dix-huit mois lui est continuellement annon-
cée pour le lendemain, et il se voit devant
des adversaires qui chaque jour s'organisent
plus solidement.

L'enthousiasme baisse de jour en jour, nous
racontent les voyageurs qui arrivent d'Allemagne, et le peuple, tout en se réjouissant
aux sonneries des cloches et aux pavoisements
des édifices publics, se demande avec inquiétude : « A quoi bon toutes ces victoires si
notre sort ne fait qu'empirer ? » Dans certains milieux ouvriers et au fond des grandes

villes, une irritation se forme. Ah! ce n'est pas cela que tous, intellectuels, socialistes, petits bourgeois, capitalistes, militaires, ces Allemands escomptaient, il y a dix-huit mois, quand ils se ruaient à travers la Belgique, à la curée de la France! Sans doute ils espèrent toujours une espèce de victoire, mais qu'ils en trouvent le prix terrible! Pour commencer l'année, la rue allemande a eu ses troubles. Ceux qui accusent aujourd'hui l'administration et le gouvernement accuseront peut-être demain la guerre et son auteur impérial.

Un Hollandais qui revient d'Allemagne où il a circulé pendant quatre semaines déclare : « Non seulement on ne nage plus dans la joie, mais on est devenu pessimiste. Sans doute on se réjouit des conquêtes réalisées et l'on parle de marcher sur le canal de Suez, dont la destruction réduira l'Angleterre à demander la paix; mais derrière cette attitude ferme le bon observateur ne tarde pas à remarquer que le doute et même le simple pessimisme ont profondément pénétré dans l'âme des Allemands et des Autrichiens. La manière dont on nous demande : « Combien pense-t-on en Hollande que durera la guerre? » vaut des volumes. Lorsque l'année dernière on émettait la supposition d'un échec de l'Allemagne :

« Impossible », répondait-on. Aujourd'hui, on se contente de dire : « Dieu sait comment tout cela finira. ».

Le regard circulaire que nous venons de jeter sur la carte nous permet de répondre à cette interrogation pleine déjà de découragement, L'énorme étendue des territoires où se meuvent les armées allemandes exige une une abondance d'hommes et de matériel qui va épuiser les ressources de notre formidable adversaire, et nous voyons déjà son moral fléchir à mesure que l'existence quotidienne y devient plus difficile.

XXII

COMMENT ILS MANGENT

26 Janvier 1916.

J'ai sous les yeux les impressions de voyage d'un Hollandais chez les Austro-Allemands. Voulez-vous le suivre dans les hôtels et restaurants? Nous prendrons une idée de leur fameuse crise alimentaire.

« A Cologne, dit ce Hollandais, j'ai dîné avec ma femme non loin de la gare, et payé

9 marks 5o, soit une douzaine de francs,
pourboire compris. C'était cher, vu le maigre
repas qui nous fut servi. La carte était chargée, mais en considérant les revisions qui
avaient été à plusieurs reprises apportées aux
prix, on se rendait compte de leur élévation
continuelle. Je n'ai pas pu obtenir de pommes
de terre frites, la graisse devant être écono-
misée. »

Pauvre Hollandais! Suivons-le. Il monte
dans le train pour Munich. En cours de route,
un commis-voyageur lui dit : « Ah! oui,
la Hollande, c'est de là que nous viennent
notre graisse, notre viande, etc. » Le voyageur s'en trouve bien mal récompensé dans
la capitale de la Bavière : « Cher, peu et
mauvais », dit-il. Pour 4 marks, c'est-à-dire
5 francs, on lui donne une « queue de hareng,
quelques petits radis, un brin de céleri, une
moitié d'œuf et trois crevettes, cela ne vau-
drait pas 6o centimes ».

« A Munich, ajoute-t-il, nous fîmes connaissance des cartes de pain. Le gérant nous
les distribua au déjeuner. Elles donnent droit
à 175 grammes par personne, soit à cinq
petits pains miniatures couvrant la surface
d'une pièce de 5 marks. Et encore, s'il était
bon! Une servante nous a appris que le per-

sonnel domestique est souvent obligé de céder
aux clients la quantité de pain qui lui est
attribuée, sous peine d'être congédié par les
patrons... »

Notre Hollandais continue sur Vienne.
« Pour ce qui est de la nourriture, on ne
peut que dire qu'elle est chère et insuffisante... La femme d'un de nos amis, nous
ayant déclaré que si cela durait ainsi le peuple
ferait une révolution, son mari (homme politique assez connu) l'interrompit par cette
observation : « Ah! pauvre femme, comment
faire une révolution, alors que nos plus dévoués partisans sont à la guerre! »

De Vienne, il va à Budapest : « Rien d'intéressant à noter, si ce n'est l'extrême cherté
de la vie et le découragement du peuple... A
Prague, même cherté. A Dresde, on nous servit,
pour la première fois de notre voyage, un
dîner satisfaisant, mais d'un prix élevé. Un
marchand de tabacs, d'origine hollandaise,
nous y déclara : « L'Angleterre n'a **pas** beaucoup à faire pour rendre la situation intolérable! »

« Nous avons passé quatre jours à Berlin.
Dans le bazar de Wertheim, deux affiches
annoncent que, faute de cordes, les paquets
ne seront plus ficelés. Le riz, qui coûte un

mark la livre, devient à peu près introuvable, comme, du reste, les haricots et les lentilles...

« De Berlin, nous nous rendîmes à Hambourg. C'en est fait de la grande animation de jadis. Au jardin zoologique de Hagenbeck, on a dû abattre des animaux trop chers à nourrir. L'enthousiasme a complètement disparu, on n'entend plus que des jérémiades sans fin sur la cherté de la vie, sur le grand nombre de morts, sur la misère future. »

Et le Hollandais, pour conclure, ramasse l'expérience de son voyage sous deux interrogations : « Souffre-t-on de la faim en Allemagne et en Autriche?... Oui, dans une grande partie de la population ouvrière. Et la situation empire à pas de géant... » Après cela, il ajoute (retenez bien le renseignement) : « Que pense-t-on de nous autres, Hollandais? On croit qu'on a besoin de nous pour se procurer toutes sortes de produits ouvertement ou clandestinement ».

Je n'ai pas cru abuser de la patience du lecteur en le mettant devant cette humble et minutieuse réalité. Nous avons tous cru, un an trop tôt, à la disette économique de nos ennemis. Et déçus d'avoir trop vite espéré, beaucoup refusent de croire qu'il y ait là pour les Allemands aucun péril. Laissons nos idées, recherchons les faits ; en voici encore quelques-uns :

L'autorité municipale de Colmar vient de reconnaître que l'alimentation des enfants pauvres est tout à fait insuffisante, et elle est contrainte de créer dans les écoles des services où les enfants sont nourris avec du laitage et du riz. A Strasbourg, les vivres manquent. Le lait devient extrêmement rare ; la pâtisserie est interdite, et on ne consomme plus de graisse qu'avec une autorisation. Les règlements sont à ce point rigoureux que des agents de police perquisitionnent aux heures des repas.

Dans l'armée, la nourriture des hommes est très suffisante, tout au moins sur le front. Dans les dépôts de l'intérieur, parmi les landsturmiens qui gardent les prisonniers et les voies de communication, le régime est très différent. C'est un sujet de plaintes continuelles, et l'esprit de la population en contact avec ces hommes en est atteint.

Partout, d'ailleurs, se multiplient les manifestations contre le renchérissement des vivres, A Ludwigshafen, la cavalerie a chargé la foule ; il y a eu des blessés ; à Munich, mêmes violences. Nous le savons par les let-

tres adressées aux prisonniers allemands en
France. A Chemnitz, la population a saccagé
les boutiques des marchands, lançant des
pierres dans les fenêtres, jetant le beurre et
les œufs sur la voie publique. Finalement les
pompiers ont arrosé la foule, mais des mani-
festants ont coupé les tuyaux et maltraité la
police. La lettre qui le raconte commence
ainsi : « Nous avons en réalité la guerre à
l'intérieur comme à l'extérieur du pays ».
« Où qu'on aille, dit une lettre adressée de
Munich à un prisonnier de l'île d'Oléron, on
n'entend et on ne voit que misère et pau-
vreté » Le 1ᵉʳ novembre, une femme de
Goldbach écrit à son mari prisonnier : « On
pleure toujours beaucoup pour la Toussaint,
mais cette année ç'a été effroyable ».

Faites toutes les mises au point que vous
voudrez, méfiez-vous de donner trop d'importance à des cas particuliers, ceci demeure :
que les journaux allemands, s'ils gardent leur
foi dans la victoire finale, ne dissimulent pas
que la population est gravement préoccupée
des questions de nourriture et d'approvision-
nements en matières premières.

Voilà les faits; voulez-vous, maintenant,
que nous tâchions de les comprendre, que
nous recherchions d'où viennent ces manques

et quelles chances le gouvernement allemand garde d'y remédier?

A l'origine du tout, il me semble qu'il y a ceci : En temps de paix, l'Allemagne importe des céréales. Elle ne se suffit pas avec sa propre production pour ce qui est du pain et des fourrages.

Au début, le gouvernement allemand a estimé que la guerre serait courte, et qu'il n'y avait aucune précaution spéciale à prendre ; les stocks nationaux et les ressources considérables de la Belgique et de nos départements du Nord devaient parer à tous les besoins. Après la bataille des Flandres, la réalité apparut : la guerre allait durer longtemps. La difficulté de nourrir les bêtes imposait des sacrifices immédiats. A qui s'en prendre? Aux bœufs, aux porcs? L'élevage bovin étant le plus difficile à reconstituer, le gouvernement ordonna l'abatage en masse des porcs.

Mais, dans l'été de 1915, le commencement de l'établissement du blocus (oh! blocus encore large) donna à craindre que, faute de fourrages, les bovins ne périssent. Le gouvernement décida de reconstituer activement les troupeaux de porcs (auxquels il fournirait gratuitement tout ce qu'il pourrait trouver de déchets de grains, sons, issues), et de sacrifier les bovins. En octobre-novembre 1915, on a abattu dans les seuls abattoirs municipaux de Berlin, 63.000 bovins, contre 36.000 en 1914, et 15.000 en 1913.

Notez que le manque d'étain rend difficile la fabrication des boîtes de conserve, et, par suite, l'utilisation de ces bœufs innombrables que l'on a dû abattre. Mais ce sont là des obstacles qui peuvent se tourner, et l'exemple nous aide à comprendre que c'est de la gêne plutôt que de la souffrance qu'a connue jusqu'à cette heure l'Allemagne.

Une conséquence de la grave diminution des troupeaux bovins, c'est la disette de lait, de beurre et de fromages. Au 4 novembre 1915, on a dû créer des cartes de lait au profit des jeunes mères, des nourrissons et des malades. Certaines grandes villes, comme Dresde, ont établi aussi des cartes de beurre. « Bast! disent les journaux allemands, après tout, le beurre n'est pas une des choses absolument nécessaires à l'existence! »

Avec un accent plus sombre, lors du règlement interdisant de vendre ou de consommer de la viande certains jours de la semaine, des ouvriers ont dit : « Le gouvernement se moque de nous; il y a beau temps que nous ne mangions plus de viande, parce qu'elle est trop chère. »

Au moins, mangent-ils du pain? En temps ordinaire, la consommation moyenne du pain en Allemagne est de 5o1 grammes par tête et par jour; la ration actuelle est de 33ä grammes. Des suppléments de 1o5 grammes par jour peuvent être accordés pour les travaux pénibles (6oo.ooo cartes de suppléments ont été attribuées à Berlin). Le maximum par tête est donc, pour les ouvriers se livrant à un dur labeur, de 437 grammes par jour. Mais il est encore question de réduire ces rations, le ministre ayant déclaré qu'il ne savait pas si les provisions de céréales suffiraient jusqu'à la prochaine récolte.

A défaut du pain qui leur est mesuré, à défaut de la viande que leurs moyens ne leur permettraient pas d'acheter en quantité suffisante, les classes populaires ont-elles du moins des fruits, des légumes? Le manque de pommes de terre a valu à l'Allemagne des heures pénibles; on a planté tous les jardins d'agrément et même des cimetières; mais la récolte a été assez bonne, on ne récrimine plus trop sur les pommes de terre.

Pour remédier à cette situation, le gouvernement allemand a pu acquérir des céréales à un prix très élevé en Roumanie; il est certain que l'occupation de contrées très riches

a été pour les Allemands une aide considérable ; les sucreries belges fonctionnent, les
mélasses et les·pulpes de betteraves sont em-
ployées pour la nourriture des chevaux et des
vaches ; les ressources agricoles de Pologne,
de Courlande et des pays balkaniques ont été
et demeurent un secours très important. De
plus, moyennant certaines promesses que,
pour ma part, je ne m'explique pas, les Allemands ont obtenu du gouvernement anglais
que des importations de fourrages (maïs,
tourteaux, déchets de sucrerie) soient faites
régulièrement à destination de la Belgique,
sur le taux des importations habituelles du
temps de paix, afin de continuer l'élevage
intensif du troupeau belge. L'Allemagne s'assure ainsi une précieuse et importante réserve
de bovins. Enfin, elle cherche à acheter à
tout prix des fourrages : maïs, tourteaux, déchets de sucrerie, ainsi que des graisses alimentaires, beurre, saindoux, margarine. C'est
surtout par la Hollande que ces produits sont
expédiés.

Mais ici j'empiète sur la suite de mon enquête...

Aujourd'hui, je n'ai voulu qu'apporter
une liasse de faits, que l'on pourrait indéfiniment grossir, en parlant des substances

nécessaires à la poursuite de la guerre. Tel
quel, ce dossier permet au lecteur d'apprécier
la situation. Elle est sérieuse pour les Allemands, mais non pas telle qu'elle les oblige à
capituler. Ils se défendent contre la famine
par le génie administratif; c'est à nous de les
presser avec notre génie d'offensive.

Que venons-nous de voir clairement? Leur
gêne est réelle. Deux jours sans viande, deux
jours sans graisse, un jour avec viande, mais
sans porc, deux jours de liberté; cartes de
pain, cartes de lait; interdiction d'employer
la crème pour la pâtisserie; plus de crème ni
de lait dans la chicorée-café; réduction de la
bière. Voilà leur règlement; vexatoire pour
les uns, douloureux pour les autres, mais tel
enfin qu'ils n'en mourront pas.

Pour qu'ils en meurent, que pourrait-on
faire de mieux?

Le blocus.

Voulez-vous que, demain, nous causions du
blocus?

XXIII

LE BLOCUS QUI ALLÉGERAIT L'EFFORT
DE NOS SOLDATS

28 Janvier 1916.

Le blocus existe-t-il?

Non!

Son inexistence apparaît avec évidence dès que l'on examine ce que l'Allemagne a reçu de denrées principales, depuis le commencement de la guerre.

Au cours de 1915, l'Allemagne s'est assuré par la Hollande et les Pays Scandinaves une masse de fourrages correspondant aux deux tiers de ses besoins; or, vous savez, nous le disions hier, que c'est par le manque de fourrages qu'on l'affamerait le plus sûrement. Elle a importé la presque totalité de sa consommation normale en graisses et huiles animales, la moitié de ses besoins en graines oléagineuses et une quantité d'huile végétale qui compense largement le déficit de son importation en graines oléagineuses. Elle s'est procuré la moitié de son importation normale de coton et des quantités considérables de peaux, de cuivre, d'étain, etc.

La presse suédoise est remplie d'articles sur « la Suède nourricière de l'Allemagne », qui se plaignent, avec preuves à l'appui, que leur pays, en approvisionnant l'Allemagne avec frénésie, raréfie ses ressources, et pour faire quelques millionnaires nouveaux augmente d'une manière inquiétante le prix de la vie.

Pratiquement, le blocus n'existe pas.

Il n'existe pas, et pourtant l'Allemagne se nourrit très mal, souffre d'une gêne alimentaire très réelle. Ce qui n'était pas vrai il y a quelques mois, l'est devenu aujourd'hui. Notre dernier article l'établissait avec évidence. Cartes de pain, cartes de viande, ruine des troupeaux, cherté de la vie. Ajoutez-y la ruine des industries textiles, la baisse du mark.

Voilà des faits. Eh bien ! osons le dire, nous ne les devons pas à quelque heureuse activité, bien raisonnée, des Alliés ; nous les devons à la force des choses, à la situation des Allemands dans l'état général du monde, c'est-à-dire à l'immobilité de leur flotte, à la fermeture de leurs ports, à la difficulté universelle des transports ; de nous-mêmes, nous avons fait peu ou rien.

Comment est-ce possible? Quelle fut donc la nature de nos efforts? Quelle méthode avons-nous adoptée? Comment sommes-nous arrivés à ce néant de résultat?

Nous avons cherché des ententes avec les pays neutres, limitrophes de l'Allemagne. Non pas exactement avec leurs gouvernements, mais, pour plus de souplesse, avec des organismes officieux créés dans ces pays. En Hollande, l'Angleterre et nous, nous avons fait un accord avec le *Trust néerlandais d'outre-mer*, à qui nous avons donné le monopole des importations en Hollande pour tous les produits considérés comme contrebande de guerre, à condition qu'ils ne seraient pas introduits dans les pays ennemis. Cela fut signé en janvier 1915. — Même accord avec la *Société suisse de surveillance économique*. Nous lui accordons le monopole de l'importation en Suisse moyennant qu'elle nous garantisse la non-réexpédition de ses marchandises dans les empires du centre. — Entre l'Angleterre et le Danemark, même accord où nous allons entrer comme partie prenante.

Joignez à cette forme d'accord un autre type de convention avec des Sociétés qui ont des monopoles pour le pétrole ou avec des

lignes de navigation qui, ayant besoin de
charbon, s'entendent avec le gouvernement
anglais, et vous avez une idée schématique
des diverses formules qui ont été adoptées
pour permettre le ravitaillement des pays
neutres en nous donnant la garantie que ce
ravitaillement ne sera pas réexpédié en Allemagne.

Disons-le nettement : cette garantie ne
protège pas nos intérêts. Où est la sanction ?
Une somme est déposée en cautionnement
équivalente à la valeur des marchandises
importées. Eh! les Allemands sont prêts·à les
payer au double de leur valeur, ces marchandises, et plus cher encore, de telle manière
que celui qui les vend gagne de l'argent
même en perdant sa caution.

Expliquons-nous clairement. Les dirigeants
du *Trust néerlandais d'outre-mer* ne manquent
en aucune manière de bonne foi. Mais ces
honnêtes gens ne disposent pas des instruments gouvernementaux, je veux dire des
douanes; ils n'ont aucun moyen de contrôler
ce que deviennent les produits qu'ils ont
introduits en Hollande. Certes, pour leur
compte, ils tiennent leur engagement d'une
manière stricte; la marchandise qu'ils viennent d'importer, ils ne la dirigent pas en

Allemagne; ils la remettent en un ou plusieurs lots à quelque autre commerçant hollandais, qui, lui-même, la repasse à une série d'intermédiaires. C'est l'un de ceux-ci qui l'expédie à nos ennemis, et le jour où l'on veut remonter la série de tous les commerçants, on s'y perd. Parviendrait-on à saisir le cautionnement, peu importe : nous l'avons dit, il a été payé par les Allemands.

Un seul moyen existe d'empêcher le ravitaillement de l'Allemagne par les pays neutres limitrophes, c'est de ne laisser parvenir à ceux-ci que les quantités dont ils ont besoin. On peut continuer de traiter avec ces organismes qu'on a favorisés d'un monopole d'importation, mais il est nécessaire de les rationner.

Ce produit est utile au Danemark ? Fort bien, nous le laisserons parvenir à la *Coopérative des marchands de Copenhague* (est-ce bien le titre ?) Cet autre convient à la Hollande ? Que le *Trust néerlandais d'outre-mer* prenne la peine de l'importer. Cette marchandise depuis des années est dans les habitudes de la Suisse ? Nous l'accordons avec empressement à la *Société suisse de surveillance économique*. Pour le surplus, Suisse, Hollande, Danemark, qu'en feriez-vous ? Vous seriez tentés de le céder à l'Allemagne, et vous êtes d'accord avec nous pour déclarer que vous ne le devez point.

C'est ici le lieu que l'on rende hommage à tant d'amis précieux que nous avons dans les pays neutres et qu'il ne peut s'agir de froisser injustement dans leurs sentiments ni dans leurs intérêts respectables. Nos blessés nous ont dit l'accueil qu'ils trouvent auprès des Suisses à leur retour d'Allemagne. Nous avons la certitude qu'en Suisse, en Hollande, dans les Pays Scandinaves, dans le monde entier, de nombreux esprits droits reconnaissent l'équité d'un rationnement. Ce serait à nous d'atténuer ses effets. Qu'attendons-nous pour multiplier nos achats des denrées que les pays producteurs seraient déçus de ne pas négocier? Le poisson salé et fumé, le bétail, les œufs, la graisse, le beurre, le lait conservé, le tabac, voilà des produits que les Pays Scandinaves peuvent nous livrer aussi bien qu'aux Allemands.

En août 1914, on nous proposait de nous céder les céréales de la Roumanie. En octobre-novembre 1915, l'Allemagne se mettait sur les rangs. Nous pouvions payer en or, je veux dire en papier roumain; ainsi la Roumanie trouvait un avantage énorme à conclure avec nous. Nous ne nous sommes décidés qu'après que l'Allemagne avait enlevé cinquante mille wagons. Le total des disponibilités roumaines est de cinq millions de tonnes. Que l'Allemagne les achète et voilà réglé pour elle le problème alimentaire.

Les Alliés n'ont pas de doctrine. Aussi mènent-ils mal la guerre économique. Nous ne pouvons prendre notre parti du discours de sir Edouard Grey. Le rationnement, c'est la vraie méthode; les gouvernants le savent et en parlent; pourtant nous arrivons au dix-neuvième mois de la guerre, et le rationnement réglé pour la Suisse au milieu de 1915, réalisé partiellement par l'Angleterre avec le Danemark, en décembre 1915, n'existe pour aucun autre pays.

Un comble, c'est qu'en ne voulant pas empêcher les neutres de faire leur commerce, nous sommes amenés à redouter qu'ils ne prennent notre place commerciale, et nous avons laissé transiter à destination de la Hollande des choses qui sont allées en Allemagne.

Inexistence du blocus, échec de notre politique économique. En voulez-vous connaître la cause générale? C'est une divergence grave de méthode entre les diplomates et les militaires qui poursuivent le même but, avec chacun sa manière.

Le diplomate cherche à obtenir des résultats en négociant avec les pays neutres et en conservant avec eux des rapports qu'il juge indispensables à sa politique générale, tandis que le militaire est essentiellement frappé par la nécessité d'aboutir rapidement. C'est une question de mesure.

Le danger serait immense qu'au dix-huitième mois de cette guerre, atroce du fait de l'Allemagne, on gardât l'esprit lent et serein des négociateurs de la Convention de La Haye. Il existe un lien étroit entre la conduite des opérations économiques et la conduite des opérations militaires. Il faut avoir un état d'esprit de guerre. Il ne faut pas s'abstraire ; il ne faut pas s'asseoir en esprit autour du tapis vert du palais de la Paix à La Haye ; nous sommes dans une effroyable tragédie, sur un charnier créé par d'implacables ennemis. En présence du mépris continuel que tous les actes allemands manifestent pour les conceptions un peu fumeuses du droit international, sommes-nous tenus à observer celles-ci partout et toujours sans aucune restriction ? Devons-nous rester les stricts observants de contrats que l'autre parti ne cesse pas de bafouer ?

Le bon sens, l'équité, le salut public réclament que les Alliés réglementent la consommation des pays neutres limitrophes de
l'Allemagne. Il faut déclarer un blocus
efficace qui nous donne le droit de considérer
comme destinée à nos ennemis toute car-
gaison excédant les besoins du pays neutre
sur lequel elle est dirigée.

Il y aura toujours des trous. Un blocus
sera toujours un filet à larges mailles, surtout
à l'entrée de la Baltique, mais, au total,
qu'une telle méthode de rationnement soit
prise et appliquée, c'est l'interruption nette
de toutes les relations directes ou indirectes
de l'Allemagne avec l'extérieur. Plus d'expor-
tations, plus d'importations, et puis suppression de toute correspondance postale et
télégraphique...

Ici nous touchons un point d'immense
importance, sur lequel je veux revenir à loi-
sir. Nous porterons aux Allemands le coup
décisif quand nous les empêcherons d'expédier
lettres, ordres commerciaux, titres, coupons,
toutes commandes et tous règlements. Rien
ne peut faire davantage pour abréger la
guerre et pour alléger l'effort indispensable
de nos armées.

XXIV

POUR QUE TOUS LES CONCOURS SOIENT DONNÉS A NOS SOLDATS

3o Janvier 1916.

Nul de sensé ne voudra polémiquer sur les questions de la défense nationale. On recherche en commun, chacun à son étage, la vérité. Le ministre anglais est placé sur un haut point d'où il surveille un vaste horizon. Il a ses renseignements et ses responsabilités. Au-dessous des gouvernants et d'accord avec eux sur le but, chacun accomplit sa tâche. La nôtre est de donner une voix à des sentiments qu'il faut bien qu'on connaisse : c'est par les armes qu'on réduira l'Allemagne ; aucun procédé diplomatique ou d'épuisement économique et financier ne dispensera de cette décision par la force ; nous le disons tous, mais ajoutons que nos soldats auront moins de mal s'ils trouvent devant eux une nation déprimée par des manques de ressources.

Les Allemands nous ont attaqués, parce qu'ils se savaient abondamment outillés, et

12.

nous, démunis. Ne négligeons pas la possibi-
lité que nous donne l'empire des mers de
nous créer à notre tour une formidable supériorité et de les anémier.

Il y a quelques jours, à la Chambre des
Communes, plusieurs voix ont reproché au
ministre des affaires étrangères d'entraver
l'action de la marine et de montrer un excès
de condescendance pour les réclamations des
neutres. Je pense avec l'honorable M. Shirley
Benn et ses collègues des Communes que
« la politique énergique qui aurait pour résultat de raccourcir la guerre, fût-ce d'un seul
jour, doit être favorablement accueillie par
toutes les nations qui ont le désir de ne pas
voir le christianisme remplacé par la kultur,
ni Berlin dictant des lois au monde civilisé ».
Je ne discuterai pas les phrases brillantes du
discours qu'on leur opposa ; je m'attacherai à
quelques pensées qu'il y a par-dessous et que
l'on connaît mieux par des conversations.

Ceux qui soutiennent la thèse du *statu quo*
nous disent :

« Laissons l'Allemagne acheter aux neutres,
laissons-la dépenser son argent. »

Oh! il n'y a personne pour accepter que
l'Allemagne exporte. « L'exportation créerait
du crédit aux Allemands, mais quand des

marchandises pénètrent chez eux, il faut qu'ils paient, qu'ils se vident de leur or, et c'est excellent pour nous. »

Voilà le premier étage du raisonnement et comme la première couche géologique des pensées de nos contradicteurs. Mais n'y a-t-il rien de plus?

J'ai dit l'autre jour que certains produits sont autorisés à sortir de France pour aller chez les neutres, au risque d'être de là introduits en Allemagne, parce que nous craignons de céder notre place commerciale à des concurrents étrangers. N'y a-t-il pas des alliés pour croire que le thé, le café, le chocolat, le tabac, peuvent être impunément livrés à l'Allemagne en temps de guerre?

« Le thé et le café n'aident en rien les Allemands au point de vue militaire. Leur en vendre beaucoup à bon prix, c'est un excellent moyen de faire sortir leur or. »

Voilà comme on raisonne, et c'est bien le type d'un exécrable raisonnement. A sa base, il y a la croyance que l'on peut distinger entre l'armée allemande et la population civile allemande. De cette absurde imagination découlent d'inépuisables erreurs de conduite. L'armée allemande et la population civile allemande ne sont pas deux corps séparés par un mur; l'armée et la population forment un seul et même être qui vit des mêmes produits.

Des Boches, dans leurs tranchées, privés de boire chaud et de fumer en éprouveraient à la longue une diminution, ne fût-ce que par l'inquiétude que ce sentiment de leur gêne mettrait dans leur esprit. Puis les doléances de la population civile viendrait les attrister, les troubler, et bientôt les démoraliser.

Faire dépenser leur or aux Allemands, accélérer la baisse du mark, c'est bien tentant, mais cherchez ce que nous pourrions laisser entrer en Allemagne sans inconvénient. On me cite quelques produits manufacturés; ce n'est pas ce que réclament les Allemands. Ils veulent des matières premières; c'est en échange de matières premières qu'ils offrent leur or. Eh bien! il n'y a pas de matières premières que nous puissions impunément mettre dans leurs mains.

Nous ignorons tout à fait les besoins réels de l'Allemagne. Quand nous croyons lui donner une matière indifférente, nous l'aidons à tirer sur nos soldats. Voulez-vous des exemples? On avait été frappé de l'énormité des demandes qu'ils faisaient de cire de Carnauba. C'est une sorte de cire jaunâtre, fournie par un palmier du Brésil. Quelle utilisation militaire les Allemands pouvaient-ils en tirer? On a cherché ; on a trouvé qu'ils enduisaient avec cette cire l'intérieur des obus.

Même problème pour le liège. Pendant des mois, ce fut un exode de tout le liège du monde (et du nôtre même) pour la Suède et le Danemark. Les uns s'inquiétaient, les autres disaient : Le liège sert à boucher les bouteilles ; pourquoi voulez-vous empêcher les Allemands de dépenser leur argent à boucher des bouteilles? Quand on a trouvé, le mal était fait. Avec tout ce liège, les Allemands faisaient un isolant pour leurs obus asphyxiants et des radeaux pour passer les canaux.

En réalité, chaque fois que l'Allemagne demande un produit, croyez qu'elle en a un besoin urgent. Son gouvernement, fort sérieux et bien renseigné, ne permettrait pas l'importation de matières premières payées coûteusement, s'il n'en avait pas un besoin urgent pour des objectifs militaires.

Conclusion : il faut tout arrêter, il faut le blocus.

Mais les pays neutres ?

Nul ne songe à leur contester le droit de vivre ; nous les comprenons et nous sommes sûrs qu'ils ne refuseraient pas de nous comprendre.

Leurs commerçants, à qui l'on explique nettement et énergiquement notre point de vue, n'ont rien à répondre. Quand on leur dit : Nous ne voulons plus que l'Allemagne ait aucune espèce de rapport financier, commercial, industriel avec l'extérieur, parce qu'ainsi sera terminée plus rapidement cette guerre, ils acceptent la vérité de cette thèse. Sans doute, c'est pour eux une perte d'argent, une diminution de leur chiffre d'affaires, mais les plus inféodés au commerce allemand ne contestent pas la légitimité de notre « holà ! »

Nous-mêmes, cependant, préoccupons-nous de créer des liens économiques entre ces pays neutres et les Alliés. Offrons-leur des avantages. Nous avons acheté beaucoup de viande en Amérique, n'aurions-nous pas dû débarrasser les Hollandais de celles qu'ils ont passées en Allemagne? La Suède a du bois, de l'acier, de la fonte, sans compter les produits que j'énumérais dans mon dernier article; pourquoi la laissons-nous, comme disent ses journaux, nourricière exclusivement de l'Allemagne? Soyons ses clients. Si nous avions créé ces relations d'intérêt d'une manière plus complète avec les neutres, ils accepteraient moins douloureusement la réglementation que la circonstance nous oblige à leur proposer.

Aux États-Unis, le parti germano-américain prétend dicter au président Wilson des notes très vives contre l'Angleterre ; mais les Américains ont exporté beaucoup, dans l'ensemble ; ils continueraient avec les Alliés. Que leur devons-nous ? Quatre, cinq milliards ? C'est une bonne situation pour causer. Et d'ailleurs écoutez ce que disent spontanément beaucoup de ces Américains :

« Le blocus effectif serait préférable pour nous au régime hybride sous lequel nous vivons actuellement. »

Pourquoi ? Parce que la déclaration de blocus, c'est une thèse juridique solide. Ils se trouveraient alors dans une position nette, celle-là même qu'ils ont connue, pendant la guerre de Sécession, quand ils bloquaient les États du Sud.

Les difficultés diplomatiques sont réelles. Pour en venir à bout, la première condition c'est de vouloir les vaincre. Ne dites pas : « Pour briser l'Allemagne, il ne faut compter que sur le concours de nos soldats. » Dites : « Pour vaincre l'Allemagne, il faut mettre tous les concours à l'aide de nos soldats, qui fournissent l'effort indispensable et principal.

XXV

L'EXTENSION DE LA LIGUE DES PATRIOTES

31 Janvier 1916.

Je m'interromps aujourd'hui de vous parler du blocus. Les Ligueurs sont à La Celle-Saint-Cloud, sur la tombe de Déroulède ; je n'ai pas pu les accompagner et commémorer avec eux la mémoire de notre chef, de celui qui toute sa vie avertit la France du péril allemand ; mais par cet après-midi de brouillard, ma pensée est avec eux auprès de la pierre funèbre, et j'écoute à travers l'espace Gauthier de Clagny, dont le Grand Patriote aimait la voix éloquente et qui, cette année, veut bien se charger de donner à nos ligueurs le mot d'ordre.

Demain lundi matin, à dix heures, nous irons à Saint-Augustin entendre la messe de souvenir que fait dire Mlle Jeanne Déroulède.

Ces dates nous invitent à une sorte d'examen de conscience. Remplissons-nous, comme Déroulède l'aurait aimé, la tâche dont il nous a donné le modèle ?

Avant la guerre, la Ligue a fidèlement accompli une œuvre nationale. Chaque jour, elle a répété à la France : « L'Allemagne veut notre asservissement ; soyons prêts, soyons forts, matériellement et moralement. Elle veut nous commander. Nous ne voulons pas obéir ! Soyons armés, sinon nous périrons. »

Les outrages que la Ligue recevait parce qu'elle se faisait le chien de garde de la patrie sont des titres de gloire.

Aujourd'hui, ceux des ligueurs qui ne pouvaient pas rendre service aux armées ont organisé une série d'œuvres utiles aux combattants. Plusieurs fois déjà, je vous ai signalé : *Le Secrétariat du Soldat, le Tricot du combattant, la Section des Alsaciens-Lorrains, la Section des évadés.*

Le *Secrétariat du Soldat* entretient une active correspondance avec tous ceux qui s'adressent journellement à lui, soit pour les mettre en relations avec les œuvres d'assistance créées pour la guerre et les appuyer auprès d'elles, soit pour leur donner tous les renseignements possibles d'ordre militaire ou judiciaire.

Le *Tricot du combattant*, organisé avec l'appui de l'*Écho de Paris*, envoie au front ce qui peut être utile ou agréable à nos soldats... Je remercie mes lecteurs qui sont donateurs et je fais appel à leur inépuisable générosité.

Les *Alsaciens-Lorrains* ne pouvaient être oubliés par

la Ligue. Des milliers d'entre eux se battent dans nos rangs. Nous nous nous occupons spécialement de les aider. Nous leur procurons des marraines ; nous secourons leurs familles... Puisse cette note tomber sous les yeux des soldats de la France originaires de la Lorraine ou de l'Alsace et sous les yeux de ceux qui veulent les servir. La Ligue est leur lieu de réunion.

Les *prisonniers évadés d'Allemagne*, ces braves qui, par des prodiges d'énergie et de volonté, surmontant les difficultés et les périls, sont revenus prendre place au front, ne méritent-ils pas que l'on s'intéresse particulièrement à eux? Souvent ils rentrent en France dénués de tout. Une de nos sections, présidée par Henri Galli, s'efforce de les secourir dans leurs premiers besoins et en même temps d'attirer sur eux l'attention des pouvoirs publics. Nous avons demandé pour eux une prime de rengagement. Et qui niera qu'ils méritent un signe exceptionnel d'estime?

A mesure qu'approchera la fin des hostilités, la Ligue sera appelée à rendre service, toujours en étroit accord avec l'armée et le gouvernement de la Défense nationale.

Les ligueurs, soldats ou non, se tiennent pour mobilisés. Les yeux fixés sur les chefs du pays, ils veulent servir la France ; quand ils expriment leurs pensées françaises, c'est pour collaborer à l'union, mais ils fuient les querelles. Nous avons dit ce qui était à dire sur la nécessité de prendre des précautions contre les Allemands, dans le traité de paix, afin d'assurer la sécurité de la Belgique, de la Lorraine, des Ardennes et de Paris. Nous tenons gratuitement à la disposition de qui la veut notre carte, où l'on voit les ambitions de l'Allemagne et les frontières qui assureraient la paix française. Nous ne polémiquons jamais. Avec une parfaite courtoisie, M. Gabriel Séailles, au nom de la *Ligue des Droits de l'Homme,* nous contredit dans une brochure récente. Nous nous abstenons de lui répondre. Ce n'est pas que les arguments fassent défaut, mais ce débat implique désunion et lutte entre Français, sans utilité immédiate. Nous sommes d'accord, les uns et les autres, sur une formule parfaite : désarmer l'Allemagne, assurer la paix en mettant l'Allemagne dans l'impossibilité de recommencer. Cela comprend tout et spécialement la garantie matérielle de la frontière. Cela fixerait la victoire dans la Cité.

La victoire ! Tandis que j'écris ce mot, un ligueur revient de La Celle-Saint-Cloud et me raconte l'émotion que tous ressentirent quand Gauthier de Clagny, au cours de sa harangue, traça un tableau saisissant de la mort du chef :

« Le 31 janvier, dit-il, sur la fin de l'après-midi, Déroulède fut déposé dans le cercueil ; ses mains jointes tenaient le crucifix, sa tête

reposait dans les plis du drapeau. Alors, penchée sur le visage du mort, sa sœur le voit
resplendir d'une beauté fière, presque surhumaine. Quelle est cette transfiguration? Inspirée par une vision prophétique, Mademoiselle Déroulède s'écrie :

« Nous aurons la guerre cette année! Paul
voit la victoire! »

Et l'orateur ajoute : « Six mois plus tard,
la guerre éclatait, et nous avons aujourd'hui
la certitude qu'elle ne nous échappera pas,
cette victoire que Déroulède a entrevue quand
s'est envolée vers Dieu son âme immortelle. »

La paix victorieuse signée, il faudra recueillir
les fruits du trop sanglant effort et donner
toute leur fécondité aux sacrifices consentis.
A la guerre des champs de bataille succédera
dans le monde entier une lutte économique.
Depuis longtemps, l'Allemagne a entrepris la
conquête universelle par l'organisation méthodique de son commerce et de son industrie,
par sa propagande officielle et sournoise.
Vaincue, elle reprendra la lutte. Voulez-vous
un exemple? Je sais que, dès maintenant,
elle se prépare pour qu'après la guerre une
partie de ses produits manufacturés soient
achevés, terminés en Espagne, et que de là
ils nous viennent par-dessus les Pyrénées

comme produits espagnols. Ce n'est là qu'une des mille ruses que les Boches ont dans leur besace. La France devra défendre son marché et reconquérir les marchés étrangers. La Ligue pourra apporter un concours efficace aussi bien aux pouvoirs publics qu'aux représentants autorisés des grands intérêts nationaux ; son organisation populaire puissante deviendra le point d'appui de toutes les associations professionnelles ouvrières et patronales. Comme l'a très bien dit Gauthier de Clagny, nous n'avons pas la prétention insolente de nous substituer aux grandes et puissantes associations corporatives, mais nous leur offrirons notre concours et nos moyens de propagande pour faire entendre aux pouvoirs publics et faire pénétrer dans les masses populaires leurs revendications quand nous les jugerons conformes aux grands intérêts de la patrie.

A cet effet, nous avons constitué dans la Ligue une section économique, dont M. Ernest Carnot, ancien député, l'un des fils du président Carnot, a bien voulu prendre la présidence, en même temps qu'il acceptait une vice-présidence de la Ligue. Un tel nom, synonyme d'honneur, et qu'entoure le respect de tous les Français, est une force pour notre groupement, aussi bien que la science de celui qui le porte est une garantie pour les travaux de notre section économique.

Tous les patriotes seront heureux d'apprendre l'adhésion d'Ernest Carnot et heureux aussi d'apprendre que Charles Chenu, l'éminent bâtonnier d'hier, nous apporte avec son nom l'appui de ses conseils et de son éloquence, en prenant place dans notre comité-directeur. Je remercie ces deux illustres adhérents. D'autres appuis nous sont encore venus, précieux par leur compétence et par leur autorité, qui nous aideront à faire de la Ligue, selon le vœu de Déroulède, un puissant instrument de défense nationale en dehors et, si j'ose dire, au-dessus de tous les partis, car nous ne voulons connaître entre les Français d'autre division que celle qui séparerait les patriotes et les antipatriotes.

P.-S. — La Ligue s'est installée au coin de l'avenue de l'Opéra, 2, rue Sainte-Anne. C'est là que je prie ceux qui nous approuvent de faire parvenir leur adhésion à notre administrateur général, Ferdinand Le Menuet.

Il y a quelques mois, notre section des Alsaciens-Lorrains avait plus de marraines que de soldats. La situation s'est renversée. A cette heure, nous connaissons quatre cents

soldats d'Alsace ou de Lorraine à qui il ne
nous est pas possible d'attribuer un correspondant. Et chaque jour nous recevons des
demandes. C'est au point que je fais reviser
les anciennes lettres de marraines pour voir
si quelques-unes d'elles ne seraient pas disposées à accepter un filleul de plus...

XXVI

LE SUFFRAGE DES MORTS

2 Février 1916.

Depuis le début de la guerre, des centaines
de mille de Français sont morts, qui valaient
mieux que nous qui leur survivons. Dans le
silence de sa conscience, chacun se dit que
les faibles et les médiocres demeurent et que
les meilleurs de la nation sont étendus sous
la terre qu'ils défendaient, depuis les boues
du Nord jusqu'aux montagnes des Vosges.

Qu'allons-nous faire pour ces morts ?

Aux plus fameux, nous dresserons des
statues sur nos places publiques ; aux autres,
des stèles funèbres sur leurs ossuaires. Comme
c'est froid, cette pierre, ce bronze et ces pom-
peuses inscriptions ! Que c'est insuffisant pour

l'intime besoin qu'il y avait chez la plupart d'eux et qui subsiste dans leurs familles d'éterniser leur existence. Ils sont morts pour vivre dignement dans la mémoire des êtres qu'ils aimaient. C'est le vœu que l'on trouve dans leurs plus belles lettres; c'est le sentiment qui les réconforta, quand leur regard prêt à se fermer interrogeait, une dernière fois, leurs chefs et leurs camarades.

Ces morts que nous savons meilleurs que nous-mêmes et dont nous entendrons la voix jusqu'à la fin de nos jours, pouvons-nous accepter qu'ils se taisent désormais et qu'ils ne donnent aucun avis dans la reconstruction de la patrie qu'ils ont sauvée?

Toute notre existence réelle, physique et morale, nous la leur devons. Sans leur sacrifice, Paris et ses trésors seraient anéantis et nous tous, nous serions ruinés et réduits en esclavage. Si jamais l'action des morts sur les vivants apparut avec évidence, s'il fut à aucun moment permis de proclamer sur des tombes que ceux qui les remplissent sont les maîtres de la vie, c'est bien en parlant des héros qui brisèrent la force allemande et à qui l'univers doit de n'être pas à cette heure germanisé. Les morts de la Marne sont les sauveurs du monde. Nous allons vivre de leur sacrifice;

leur exemple continuera de nous enseigner ; pourquoi n'auraient-ils pas le droit de faire entendre leurs conseils et leur volonté, comme nous tous, dans cette France que nous leur devons ?

Je demande qu'ils puissent voter.

— Comment ? C'est impossible. Les morts n'existent plus. En s'évanouissant ils se désintéressent des soucis de la vie.

— Cela n'est pas vrai des morts qui sauvent la France. Ceux qui tombent ces mois-ci demeurent au milieu de nous, occupent nos pensées, nous frôlent à toute heure, ne cessent pas d'errer de leurs familles à leurs compagnons de guerre. Ce qu'il y avait de meilleur en eux est passé dans ces camarades qui les vengent et dans ces femmes qui les pleurent et à qui nous remettons leurs Croix de guerre. La veuve, la mère, le père, le fils d'un soldat tombé à la guerre sont visiblement ennoblis par leur deuil glorieux. Voyez leur attitude, écoutez leurs propos, quelle transfiguration ! Il semble que l'âme du mort soit venue doubler celle du survivant.

Chacun de nous pourrait citer des exemples nombreux et magnifiques de cette transfusion d'héroïsme. Écoutez cette lettre que vient de recevoir un soldat du 95ᵉ d'infanterie. Sa sœur lui annonce la mort de leur frère tombé face à l'ennemi : « Mon cher frère, ton frère vient de mourir, mais il ne faut pas le pleurer, car il a été blessé en faisant son devoir et sa mort est belle. Je t'envoie un mandat : bois à sa mort, comme tu boirais à sa noce. »

L'antiquité classique n'a rien de plus beau. Cette Française de Sparte a hérité l'âme du soldat son frère, qui accepta de mourir pour la patrie, et non point son âme paysanne et quotidienne, mais son âme guerrière, telle se haussa dans la minute du sacrifice.

Certainement le brave à l'heure où il tombe pour la patrie fait éclore des idées nouvelles dans le cerveau de ceux qui le voient et qui l'admirent. Ces idées, ce sont les siennes. Je demande qu'elles puissent s'exprimer.

Aujourd'hui encore, à la minute où j'écris cet article, une lettre m'arrive d'une femme dont les Prussiens viennent de fusiller le mari : « Je veux causer avec vous, me dit-elle ; la force que mon noble mari a mise en moi, je veux qu'elle profite à la France ». Oui, ce qu'il y avait d'excellent dans nos morts, ce que la circonstance a fait apparaître de sublime en eux repose dans leurs proches et demande à enflammer la France.

Je propose que les veuves des soldats morts pour la patrie disposent du bulletin de vote de celui qui ne peut plus défendre les intérêts de sa petite famille.

Je propose que le père, s'il n'y a pas de veuve, dispose, en même temps que de son vote personnel, du vote de son fils tombé face à l'ennemi, afin que les intérêts des soldats de la guerre soient défendus par le mort.

Je propose que la mère, à défaut d'une épouse et d'un père, reçoive le droit de voter puisqu'elle a donné à la France celui qui l'aurait protégée.

Les détails sont à préciser. Avant que je dépose un texte à la Chambre, tous les avis me seront précieux. Aujourd'hui je soumets au public le principe. Le principe du suffrage des morts de la guerre. Il ne faut pas que par sa vaillance l'armée diminue ses moyens de se faire entendre. Il serait affreux que de sacrifice en sacrifice les combattants en arrivassent à se trouver moins nombreux que les non-combattants et parfois à subir la loi des embusqués.

Ma proposition ne favorise aucun parti, puisque toutes les classes ont envoyé leur élite sur les champs de bataille. Je la confie, en dehors de toute catégorie politique, aux

familles honorées par des deuils. J'en appelle
au cœur de la France. Nul ne méconnaîtra
l'importance d'une grande manifestation
nationale qui constaterait d'une manière
décisive et saisissante notre gratitude envers
nos sauveurs, notre volonté de les maintenir
en esprit au milieu de nous et d'agir toujours
en nous demandant s'ils nous approuveraient,
eux qui sont notre élite.

XXVII

IMPUNITÉ REGRETTABLE

Le Parlement.

3 février 1916.

La Chambre vient encore d'ajouter à son
effroyable discrédit. Quelques-uns de ses
membres ont obligé par leurs violences le
Ministre de la guerre à quitter momentanément la tribune, et cela au moment même où
nos ennemis, désespérant de briser nos soldats, mettent tout leur espoir dans nos divisions.

La *Gazette de Francfort* parle « des oscillations frappantes que montre en ce moment

l'édifice de l'État français ». Pour tous les
Français consciencieux et de bon sens, une
telle affirmation, avec laquelle le gouvernement impérial essaye de remonter le moral
de son peuple, devrait être une invitation au
calme et à la dignité; mais certains députés
ne peuvent pas se contenir. Leurs compéti-
tions et leurs basses querelles en pleine
guerre sont criminelles.

Ah! que nous avions raison, au soir du
4 août, après la séance de l'union sacrée,
quand nous écrivions ici : « Belle et bonne
journée... sommet de la perfection parlementaire. Nous ne ferons rien de mieux; nous
n'avons plus qu'à nous séparer jusqu'au jour
où nous nous réunirons autour de la France
victorieuse. Viviani lit la phrase qui nous
ajourne. J'aurais préféré un décret de clô-
ture... »

Et trois mois plus tard, en décembre, quand
ils revinrent de Bordeaux pour tenir séance,
étions-nous dans le vrai en signalant le danger de recommencer les exercices du temps
de paix? Ce n'est pas que les bons patriotes,
les Français raisonnables ne soient en majorité au Parlement, mais je prévoyais ce qui
allait advenir d'eux : « Des fruits qui se tou-
chent dans un compotier se gâtent aisément,

disais-je. Le couteau de la guerre n'a pas enlevé tout ce qu'il y a de pourri au cœur de certains politiciens. Méfions-nous des meilleures poires si l'une d'elles est blette. »

C'est un grand malheur que le personnel parlementaire veuille sans trêve occuper la scène. Notre situation n'a pas d'autre point noir, mais celui-là est sérieux. Nous constatons avec regret que nous n'avons été que trop bon prophète. Un mouvement d'inquiétude et de dégoût soulève la France entière.

Il n'est pas douteux qu'à la paix le problème sera de modifier la Constitution, c'est-à-dire de renforcer l'autorité du chef de l'État, d'établir la responsabilité ministérielle devant le chef de l'État, de choisir plus volontiers les ministres en dehors du Parlement, de restreindre l'autorité parlementaire et de modifier le mode électoral. C'est une grande tâche que nous aurons à résoudre en loyale collaboration avec des hommes de tous les partis, réunis par la claire vision d'un but commun : c'est une tâche pacifique, sans violence, mais qui devra être définie avec clarté et exécutée avec résolution.

De tout cela nous reparlerons, car l'heure n'est pas venue. Aujourd'hui, il s'agit de subordonner nos idées, nos intérêts, nos passions, tout **notre être**, à la préparation de la victoire, et il est abominable de voir des jeunes gens qui devraient être à la caserne s'autoriser de je ne sais quel privilège pour insulter le général Gallieni et le général d'Amade.

Comment peut-on oublier à ce point que la France est en péril de mort, que nos volontés doivent être tendues, engrenées, coordonnées, disciplinées et ne connaître que l'absolue nécessité de vaincre.

De la mer du Nord à la Suisse, ne perdons jamais de vue la frontière sinueuse formée par nos fils et par les territoriaux. Voyez ces dunes, ces boues marécageuses, les positions sanglantes de Notre-Dame-de-Lorette, la vallée de la Somme, les tranchées argileuses et collantes de l'Aisne, toutes blanchâtres en Champagne, les sombres collines forestières de l'Argonne, la Woëvre toute trempée, le sinistre bois Le Prêtre, la Lorraine en ruines, les Vosges, cimetière de nos alpins. Sur ce long réseau, à toutes les heures, depuis dix-sept mois, toujours des efforts, toujours des blessés et des morts.

C'est une chose qui est également pénible aux adolescents et aux quadragénaires qui mènent cette vie infernale, avec abnégation

et sans une plainte, quand ils supposent qu'à
l'arrière on pourrait les oublier. Nos soldats
ont été peinés ou froissés quand il est arrivé
quelquefois que certaines personnes (prenant
à la lettre les plaisanteries vaillantes que les
combattants aiment à envoyer à leurs familles
et à leurs amis, pour les rassurer) ont parlé
de la vie joyeuse des tranchées. Ils ont été à
juste titre froissés et peinés parce que celui
qui accepte de souffrir pour la France trouve
sa récompense dans la gratitude que la France
tourne vers lui; mais quelque chose, quelque
chose qui offenserait plus que tout les combattants, ce serait l'indifférence, l'oubli que
leur montreraient les élus, ce serait qu'au
fond de leurs tranchées boueuses, à quelques
pas des Allemands, ils pussent s'imaginer que
pour les députés il y a une autre guerre que
la guerre contre les Boches.

Comment! les Allemands sont à demi
étranglés; ils manquent d'air; par instants
nous commençons d'entendre leurs râles; ils
se sentent trop essoufflés pour aller en Mésopotamie, en Égypte, sur Salonique, pour enfoncer les Russes, pour enfoncer notre front;
ils n'espèrent plus sérieusement que dans nos
divisions, et c'est l'instant où quelques êtres
malfaisants tentent de justifier l'idée inexacte

que le gouvernement impérial veut donner de
notre anarchie intérieure!

Une telle conduite est antifrançaise, et tous
les patriotes la réprouveront. Faisons l'union
autour des chefs de la Défense nationale et
autour de l'armée. D'ici peu, le désespoir
allemand va sans doute tenter un de ses su-
prêmes efforts, d'autant plus terribles. Nous
ne devons penser à rien autre qu'à lui opposer une muraille infranchissable et de terribles
ripostes. Des députés, qui ont l'âge d'être au
combat et qui restent à Paris pour insulter
en pleine Chambre des généraux français,
font une besogne dont l'impunité est profondément démoralisante. Je manquerais à mon
devoir en ne le déclarant pas très haut.

XXVIII

POUR LES FRANÇAIS ENVAHIS

5 Février 1916.

Dans les dix départements envahis par les
Allemands il reste une population de deux
millions deux cent cinquante mille âmes.

En voulez-vous le décompte? Nord, 1 million 850. — Aisne, 400.000. — Ardennes, 318.000. — Pas-de-Calais, 280.000. — Meurthe-et-Moselle, 150.000. — Meuse, 80.000. — Somme, 75.000. — Marne, 60.000. Oise, 35.000. — Vosges, 5.000.

Ces Français souffrent cruellement. Ils n'ont plus à manger, ni de quoi se vêtir.

Comment se nourrir ? Au début, il existait un stock alimentaire dans les maisons et les boutiques. Il est épuisé et ne se renouvelle pas, car la Hollande et la Belgique sont fermées à l'exportation vers le nord de la France. En particulier, les produits d'épicerie sont devenus très rares et très chers ; le savon, l'huile et parfois le poivre manquent en maints endroits. Les légumes sont assez abondants. Pour la viande, on en trouve encore et même un peu de lait dans les régions agricoles : dans les régions industrielles, elle atteint des prix extraordinaires : le bœuf se paye 14 francs le kilo à Lille, et les œufs 60 ou 75 centimes la pièce.

Sans la *Commission for Relief in Belgium*, commission neutre de ravitaillement pour la Belgique et le nord de la France, la situation serait tout à fait mortelle. C'est une œuvre qui fonctionne sous le patronage de la Hollande, de l'Espagne et des États-Unis d'Amérique ; des Américains la dirigent ; elle ravitaille la Belgique et la France occupées. Tous les vivres sont achetés en Amérique et arrivent à Rotterdam, d'où ils sont expédiés par bateaux et ensuite, s'il y a lieu, par chemin de fer, aux centres où le *Comité d'Alimentation du Nord de la France* procède à leur répartion entre les communes.

Il arrive ainsi d'Amérique du blé ou de la farine, des légumes secs, du riz, du lard, du saindoux, du café, un peu de lait condensé, de l'huile, du savon et pendant un moment de la viande salée.

Chaque famille reçoit une carte qui lui permet de recevoir une ration quotidienne de pain, 320 grammes par tête et par jour, ce qui est peu si l'on songe qu'en temps normal un ouvrier mange facilement 800 grammes ou 1 kilo. Le riz remplace dans une certaine mesure le pain, mais les autres rations sont très insuffisantes : par jour et par tête elles s'établissent en effet comme suit :

Farine. . . . . (soit pain 320 grammes).	250 grammes.
Riz.	40 —
Pois et haricots secs.	20 —
Lard et saindoux.	60 —
Sucre.	10 —
Sel.	10 —
Café	20 —

Mais faites attention que ces chiffres sont des *maxima* qui jamais, sauf en farine, ne sont atteints.

Voilà comment nos compatriotes végètent. Mais sont-ils vêtus? Plus mal encore qu'ils ne mangent.

Qu'on pense, après dix-huit mois de guerre, à l'état des habits, des bas, des chemises, des chaussures d'une population sans ressources. Rien chez les marchands. Leurs stocks sont épuisés. Comment les reconstitueraient-ils? Tout manque à la fois, les vêtements confectionnés, le tissu pour en faire, le fil, les aiguilles, la laine à repriser, le cuir à raccommoder. Dans la région de Longwy, pour prendre un exemple, cinquante mille enfants sont presque sans vêtements; c'est toute la jeune génération qui dépérit.

Au *Secours national*, depuis longtemps nous étions émus de cette douloureuse situation. On nous a donné des millions pour alléger les misères de la guerre, mais comment en faire profiter les départements envahis? Comment y pénétrer? Ces jours derniers, enfin, M. Appel nous a dit : « J'ai le moyen. Par l'intermédiaire de cette *Commission for Relief in Belgium*, nous parviendrons jusqu'à nos compatriotes, derrière les lignes allemandes... »

La Suisse, toujours dévouée aux œuvres de bonté, prêtera son concours pour le transport dans les régions à atteindre.

Mais quelle garantie que les Boches n'habilleront pas leur triste progéniture avec les étoffes que nous destinons aux petits Lorrains, Ardennais, Flamands? Nous nous en fions aux délégués américains qui siègent à Lille, à Valenciennes, à Saint-Quentin, à Vervins, à Charleville et Longwy. Leur organisation paraît excellente. Les distributions se font dans des locaux spéciaux, écoles ou mairies, par les soins d'un personnel nombreux et sérieux, généralement volontaire et toujours français, recruté parmi les fonctionnaires sans emploi. Chacun y met sa bonne volonté, car il sait qu'il travaille à empêcher ses compatriotes de mourir de faim. Tous affirment que dans la grande quantité de vivres qu'ils ont distribués jusqu'à cette heure le Boche s'est abstenu de rien avaler. Ce précédent donnera confiance.

Les magasins du *Secours national* sont insuffisamment garnis pour satisfaire à ces immenses besoins. Nous faisons donc appel au public : « *Que les Français de la FRANCE LIBRE qui supportent, avec tant de dignité, les angoisses de la longue guerre, mais ignorent les douleurs multiples de l'invasion, songent aux enfants, aux femmes, aux vieillards demeurés dans leurs foyers, sous l'occupation ennemie, et qu'ils donnent des vêtements neufs ou usagés, des chaussures, du drap, des étoffes, du linge, de la laine, du fil, des aiguilles, du cuir, pour ceux qui n'ont plus rien pour se préserver du froid, et surtout pour les jeunes enfants qui vont en mourir.*

» Que les personnes qui se trouvent empêchées des dons de vêtements, sous-vêtements, chaussures, mercerie, etc., souscrivent en argent, il appartiendra au Comité du Secours national d'en opérer la transformation en nature. »

A Paris, les maires, au dévouement de qui on ne recourt jamais vainement, ont immédiatement offert d'organiser des centres où chacun pourra apporter ses dons.

Mercredi, sur la convocation de notre maire et de ses adjoints, se sont réunis à la mairie du premier arrondissement MM. les conseillers municipaux de l'arrondissement, les curés, les directeurs et Mmes les directrices d'école, les directeurs, toujours fort généreux de plusieurs grands magasins. Il a été décidé que les vêtements, chaussures, mercerie, que des donateurs voudraient bien apporter seraient reçus les mercredis et samedis, de deux heures à cinq heures, à la mairie, où le Secours national les ferait prendre.

Quant aux dons en argent, adressez-les donc, soit à la caisse du Comité du Secours national, 13, rue Suger, soit à M. M. Mirabaud, trésorier du Comité, 56, rue de Provence, avec la mention : « *Pour la France occupée* »,

Cet empressement de Paris est de bon augure; j'ai confiance que, par les soins du Secours national, une distribution de vêtements va compléter les distributions de nourriture. Tout cela est bien triste, mais la victoire est au bout; faisons le possible pour alléger les souffrances matérielles de ces Français envahis.

Restent les souffrances morales... Ces populations, derrière les tranchées allemandes, ne savent rien des soldats, leurs fils, leurs maris, leurs parents. Depuis août 1914, elles se demandent s'ils sont vivants, blessés, tués; une amère douleur s'ajoute ainsi à l'humiliation et aux vexations que la présence de l'étranger exécré leur inflige.

A cela, nul autre remède que la victoire de nos armes.

La situation des envahis est atroce. Nous y pouvons quelque chose, très peu, au point de vue matériel ; rien au point de vue moral. Tâchons au moins de ne pas l'empirer ! Là-dessus je prie qu'on me laisse faire une réflexion qui est d'actualité, et qui d'ailleurs vient à l'esprit de tous mes lecteurs. Il est de toute nécessité que les éléments ignobles qui subsistent en infime quantité parmi nous soient muselés, car leurs aboiements sont soigneusement recueillis par la *Gazette des Ardennes*, journal que les Allemands ont créé pour mettre sous les yeux de nos compatriotes tout ce qui est propre à les peiner et à déconsidérer notre pays.

Ne doutez pas que la honteuse séance n'ait été copieusement étalée sous les yeux des Français envahis, à qui la *Gazette des Ardennes* cachera l'universelle protestation par laquelle le pays a bien vengé les deux généraux qu'assaillait une écume.

La situation est claire : la France se trouve en péril de mort. Nous ne pouvons être tirés de là que par notre puissance militaire. Tout ce qui tend à l'affaiblir fait le jeu de l'Allemagne et conspire avec nos ennemis contre la vie du pays. Tous ceux qui nous divisent sont des traîtres criminels.

Rejetons avec horreur les querelles ; saisissons avec empressement les occasions de collaborer dans une étroite amitié. Il n'en est pas de meilleure que de nous grouper pour soulager la misère des Français qui, piétinés par les Prussiens, supportent le plus douloureusement le poids de la guerre.

XXIX

LES REPRÉSAILLES ?
C'EST LE BLOCUS RESSERRÉ

7 Février 1916.

Ce matin, dans Paris, funérailles solennelles des femmes, des enfants, de tous les civils victimes du Zeppelin.

Le problème n'est pas de savoir s'il faut des représailles. Laissons de tels débats à des pacifistes qui se sentent encore des bourdes avec lesquelles on les mystifiait à La Haye. Nous sommes en guerre avec le plus redoutable adversaire qui soit au monde ; il veut briser les os de notre race, anéantir notre élite et réduire le reste en esclavage ; il faut vaincre. Que leurs Zeppelins viennent ou non dans le ciel de Paris, cela ne change pas un iota aux données du problème ; nous n'avons pas besoin que les Allemands tuent les femmes et

les enfants pour prononcer le *delenda car-
thago ;* dès le premier soldat qu'ils ont jeté à
terre, dès la première pierre qui s'est écroulée
de la cathédrale de Reims, nous nous sommes
trouvés en présence de la vraie question :
« Comment venir à bout de l'Allemagne?
Comment briser l'Empire? »

« A Essen! crient quelques-uns. Des
dirigeables, des avions! Allons survoler
leurs villes ». C'est toujours ce fameux texte
de Démosthène que j'ai publié : « ... Peu
s'en faut que vous ne fassiez la guerre à la
manière des pugilistes barbares. Ceux-ci,
aussitôt touchés, ne manquent pas de porter
leur parade sur le point frappé, et partout où
ils reçoivent un nouveau coup, c'est là qu'ils
jettent leurs mains. Ils ne savent ni ne veulent se couvrir d'avance, ni se tenir en garde».
Quand nous n'avons pas su maintenir notre
maîtrise de l'air, est-il raisonnable qu'un bruit
d'Allemands se faisant dans le ciel, aussitôt
nos pensées s'envolent à leur suite? Nous ou-
blions qu'il est un domaine où nous sommes les
maîtres mieux qu'ils ne le sont dans l'air. Cette
vermine du ciel n'est rien auprès de la puissante flotte des Alliés. Sur l'eau nous sommes
certains d'obtenir, pourvu que nous le voulions, des résultats infiniment plus efficaces,

pour la décision de la guerre, que ne peut l'être
la mort de quelques douzaines de femmes, d'enfants et de quinquagénaires. Par le blocus
nous tenons à la gorge l'Allemagne demi-
étranglée.

J'ai entre les mains le plus récent tract de
propagande, le numéro 17, répandu dans les
pays neutres par « le comité de guerre de
l'industrie allemande de Berlin ». Il est rédigé
en français afin d'atteindre les classes instruites
et l'élite européenne. Disons-le en passant,
cet emploi de la langue française, au moment
où elle est rigoureusement proscrite en Allemagne, démontre la souplesse des moyens de
nos ennemis.

Eh bien! qu'y a-t-il de saillant dans ce
document, qu'est-ce qui s'en détache, qu'est-
ce qui monte à sa surface? Un grand cri que
les Boches jettent au monde : « Il est faux
que nous ayons faim. » Ah! pauvres Boches,
votre inquiétude perce... Mais taisons-nous,
écoutons leurs explications, et tandis qu'ils
plaident, surveillons les inflexions de leurs
voix.

Leur thèse que nous allons entendre, c'est
celle que les dirigeants allemands s'efforcent
de répandre dans le peuple et chez les neutres.
Elle est trop significative pour que je me borne

à l'analyser en risquant de la dénaturer. Voici exactement la partie centrale de ce petit tract, voici de quels termes se servent les propagandistes Allemands, grands faiseurs de systèmes, comme on sait, pour anéantir *la légende de la famine* :

« Autrefois, disent-ils, l'Allemagne avait intérêt économique à retirer des parties de son sol les plus favorisées de la nature et cultivées selon la méthode scientifique la plus rationnelle des produits chers, tel le sucre, pour les échanger contre des marchandises de masse à bon marché et surtout contre des marchandises appelées à satisfaire les besoins de luxe ; autrefois, les parties de l'Allemagne qui avoisinent la frontière avaient pu mettre à profit l'économie de fret ou de transport et importer à bas prix des produits alimentaires...

» Aujourd'hui, force a été de répartir les surfaces agricoles allemandes suivant de nouveaux principes, d'après les produits à obtenir ; d'ouvrir de nouvelles voies de transport et de régler scientifiquement la consommation d'après la nature et la quantité, et en renonçant à la plupart des marchandises de luxe. Mais pour cette transformation manquaient les organisations nées de la libre concurrence et d'une adaptation progressive à l'ensemble

des circonstances économiques. Aussi la transformation soudaine de l'économie nationale
allemande devait-elle avoir pour premier effet
une perturbation dans les formes d'organisation existantes. Elle a amené des oscillations
de prix et des enchérissements désordonnés
qui, en certains cas, ont été accentués par des
manipulations intéressées.

» Devant ces irrégularités, le peuple allemand
n'a pas été long à exprimer unanimement
son mécontentement. Mais les autorités fédérales sont intervenues, recourant au seul
moyen permettant d'y remédier durablement :
à la systématisation de l'ensemble de l'économie allemande, qui, se basant sur une connaissance exacte de l'état des choses et des
besoins présents, remplace rapidement et
efficacement une lente et tâtonnante adaptation aux tâches économiques modifiées.

» Ni les autorités fédérales allemandes, ni
les partis politiques allemands, ni aucun
Allemand sensé n'ont, un seul instant, douté
à cet égard, de la certitude que, par une production rationnellement organisée et par une
juste répartition, l'Allemagne est à même de
se suffire comme entité économique pendant
des années et des années, voire toujours. S'il
y a eu, quelque temps, divergence des opi-

nions, ça n'a été que sur le mode et l'étendue
de l'empiétement à exercer sur la liberté de
la vie économique générale. Devant l'infinie
diversité des connexités économiques, toute
réglementation, par les autorités, d'une seule
question, devait en soulever une infinité
d'autres. Quiconque se propose de réglemen-
ter, par exemple, les prix et la vente du détail,
doit prévoir la réglementation des marchés
des cuirs, beurre, lait, fromages, fourrages, etc.
Et une action efficace n'a été possible que
quand on a eu établi une nouvelle systématisation de l'ensemble de l'économie générale
reposant sur le plus minutieux relevé des
possibilités de la production et des besoins de
la consommation.

» Ces travaux préparatoires ont été faits et,
coup sur coup, se promulguent maintenant
les ordonnances qui donnent à l'existence économique entière de l'Allemagne une nouvelle
base, inouïe dans l'histoire moderne. »

C'est clair. Ce document officiel déclare
que l'Allemagne est tout à fait coupée de l'extérieur, mais qu'elle évitera la famine en pro-
duisant seule, par un effort colossal, tout ce
dont elle a besoin.

A qui le faire croire? C'est toujours le
même système de bluff. L'Allemagne ne

pourra pas produire en temps de guerre plus qu'elle ne produisait en temps de paix ; elle ne pourra pas avoir à la fois ses hommes dans les armées, dans les usines de guerre et dans les cimetières, et puis dans le travaux industriels et agricoles.

Si l'Allemagne mange et respire, c'est qu'elle n'est pas encore, quoi qu'elle essaye d'en faire croire, absolument séparée du monde, c'est que la flotte anglaise entrave insuffisamment l'envoi des produits alimentaires mondiaux par l'intermédiaire des ports neutres, vers les consommateurs allemands. Mais que le blocus soit resserré, et vous verrez ce que deviendra cette prétention du génie organisateur allemand de transformer, en pleine guerre, la production et la répartition des produits (en même temps que de conquérir les Indes et l'Egypte, d'enfoncer les lignes de Russie, de Salonique et de France) ; vous vous verrez ce que deviendra le moral allemand.

Nos ennemis nient leur détresse, mais d'un ton qui nous persuade de leur angoisse. En cherchant à diminuer l'importance de leur « gêne alimentaire », ils en reconnaissent implicitement la réalité. L'aveu est à retenir. De même ce tract apologétique ne peut pas éviter de

parler des troubles qui ont eu lieu ces derniers
temps à Berlin et ailleurs. Écoutez le ton :
« *Il est compréhensible que dans une ville comp-
tant plusieurs millions d'habitants il se trouve
de temps à autre des personnes qui, par manque
d'empire sur elles-mêmes, se livrent isolément
à des scènes de tapage dans un endroit public.
C'est le cas à Paris et à Londres, comme à
Berlin, aussi bien en temps de paix qu'en temps
guerre...* »

Mais non, braves Allemands, à Paris et à
Londres nous n'avons aucun trouble de la
rue.

Un observateur, bien placé en Danemark
pour « rechercher toutes les occasions d'écouter des personnes qui reviennent d'Allemagne»,
écrit ces derniers jours qu'il a « la conviction
que ces troubles ont été plus graves qu'on ne
le dit même dans la presse alliée ; qu'en plusieurs cas il y a eu non seulement des blessés,
mais de nombreux morts. Plusieurs corres-
pondances adressées d'Allemagne à ce sujet à
des journaux danois, et supprimées par la cen-
sure danoise, étaient conçues dans ce sens. »

Une note identique et plus précise encore
nous arrive de Suisse :

« *Il est impossible de rencontrer en Suisse
des Allemands sans qu'ils vous parlent de la*

paix. C'est leur idée fixe. Leur épuisement mo-
ral est indéniable. Où en est leur épuisement
physique? Le frère d'un médecin de Bâle, qui
est resté volontairement à Mulhouse pour ravi-
tailler en lait les enfants de moins d'un an (il
s'occupe de 230 enfants), n'y arrive plus. Des
troupeaux qui donnaient dix-sept mille litres
par jour n'en donnent plus que six mille, faute
de fourrage, et la mortalité infantile est
effrayante. Mais ces faits peuvent être spéciaux
à l'Alsace que l'Empire appauvrit à dessein.
Cependant même ailleurs la vie est dure pour
les classes populaires. Il semble bien qu'il y ait
eu à Berlin, le 5 janvier, de nouvelles émeutes
alimentaires devant une police impuissante ».

Méditez tous ces textes, confrontez les témoignages de nos correspondants avec ce plaidoyer 17 de la *Kriegsausschuss der deutschen Industrie Berlin* que je viens de vous donner, vous en tirerez la certitude que l'angoisse du ventre est extrême en Allemagne et qu'une résolution unanime, farouche, de tous les peuples alliés de tirer un plein profit de l'empire des mers sera la plus sûre des représailles, car elle livrera au dernier effort de nos armes une Allemagne anémiée.

Quelle image pleine de sens, cette quinzaine d'Allemands vêtus de fourrures, qui sont

entassés dans un Zeppelin à demi-englouti
dans la mer du Nord. Plusieurs gisent au
fond de la nacelle et guettent à travers ses
fentes ; les autres penchés sur les rebords in-
terrogent anxieusement l'horizon. La machine
funeste monte et descend avec la vague.

> La bourrasque décrit des courbes,
> Les vents sont tortueux et fourbes,
> L'archer noir souffle dans son cor.

Un chalutier s'est approché. Il est anglais.
Vous avez lu le dialogue terrible qui s'échange.
De ses quinze voix le Zeppelin supplie :

> Car c'est un spectre que sa proue,
> Le flot l'étreint, l'air la secoue.

Mais l'Anglais repousse l'argent et les sup-
plications et, s'éloignant, abandonne le
monstre à son sinistre destin. Nul besoin de
commentaire ; l'Océan s'est chargé des représailles de Paris et de Londres ; auprès de ses navigateurs, les navigateurs de l'air ne font qu'un
bourdonnement impuissant.

XXX

LES SALISSEURS

Le Parlement.

9 Février 1916.

Le jour de l'Union sacrée, au premier moment de la guerre, nous avions tout oublié;
nous ne voulions plus nous souvenir qu'un
certain nombre de ces députés, contre vents
et marées, nous avaient assuré que l'Allemagne était un pays pacifique, la guerre impossible, et les craintes des patriotes des
machinations réactionnaires... Nous entrions
dans un monde nouveau. « Tous les mérites
dateront de la guerre », disions-nous, et cette
phrase, nos lecteurs savent combien de fois
nous l'avons répétée ici-même.

Il fallait à tout prix faire l'union. Pourtant
ce n'est pas l'idée d'utilité qui nous déterminait. C'est de l'élan le plus vrai et le plus
profond que, fraternellement, nous tendions
les deux mains à nos adversaires de la veille.
Nous ne pouvions plus avoir d'adversaires en
France. Pourquoi? Je le dirai d'un seul mot :

nous avions retrouvé par-dessous nos désac-
cords superficiels le fonds spirituel qui nous
est commun.

L'âme française commença d'être toute gravité, saint enthousiasme, discipline, esprit de
sacrifice. Vous le savez bien, lecteurs qui par-
ticipez à cette vie intense ; ils le savent, ces
étrangers éblouis, qui ne cessent de peindre le
portrait de notre France transfigurée. Je crois
vous avoir donné, un jour déjà, cette appréciation qui m'est venue des Pays Scandinaves :

« En Norvège, l'immense majorité est et a
toujours été pour les Alliés... Même en Suède,
quand la peur des Russes incline une partie
de la nation vers l'Allemagne, l'affection et
l'admiration pour la France subsistent... Suivant l'expression d'un journal de Stockholm,
*la France a pris, depuis le mois d'août 1914,
une apparence quasi céleste aux yeux de l'univers...* »

Une revue anglaise, *The Nation*, il y a
quelques mois, disait :

Tendresse, pitié, noblesse, charité, derrière la ligne
du front, dans les pays où chaque hameau pleure nos
morts ; esprit de feu et d'acier, là où la bataille est engagée, telles sont les vraies révélations du cœur de la
France. Ses officiers sont pleins de valeur, savants,
ingénieux dans les inventions du nouvel art de la

guerre ; ses soldats, extraordinairement durs à la souffrance, sachant pleinement pourquoi ils combattent. Il
semble qu'ils aient peu de haine pour l'Allemand pris
individuellement, mais plutôt une sorte de mépris
pour une créature qui, n'étant qu'un rouage de machine, reste sans utilité quand la machine a cassé.
Mais l'esprit des Français est maintenant mené par la
résolution d'en finir, une fois pour toutes, avec l'ennemi. Il ne peut pas être leurré par les conditions
d'un *statu quo ante*, ou même par le simple retour de
l'Alsace-Lorraine et des territoires occupés. « Jamais
plus », tel est le mot d'ordre. Il poursuit la destruction de ce pouvoir implacable qui a fait de la vie des
hommes un cauchemar et qui pèse comme un nuage
noir sur les espérances du progrès. Les hommes de
cette génération donnent leur vie pour que la généra-
ration nouvelle puisse respirer l'air libre et vivre sans
crainte. *Ah! ce n'est pas une France nouvelle; c'est la
France profonde qui a survécu à travers les siècles.*

Cette France éternelle ou, comme nous
disions, ce fonds qui nous est commun, ce
trésor essentiel, je le vois briller mystérieuse-
ment dans ces innombrables lettres que, tous,
nous nous passons de main en main. J'ai sur
ma table dix petits recueils, imprimés ou ma-
nuscrits de jeunes morts de vingt ans, lettres
du sergent Léo Latil, qu'a publiées le *Correspondant*, lettres de Jean Rival, aspirant de
chasseurs, tombé au Linge ; *Journal* de Jacques Brunel de Perard, brigadier, tombé à
vingt ans ; *Un Soldat de la Grande Guerre*,
par Roger Couturier, engagé volontaire, mort

pour la France à Haute-Avesnes. Je voudrais ouvrir avec vous ces feuillets sacrés. Quelle surabondance de générosité et de grandeur ! Auprès d'eux on se fait une idée claire des chevaliers qui mettaient à l'entrée de la carrière des armes un sacrement. Pleins de respect et d'émotion, nous sommes là devant l'ombre sainte d'où jaillissent la force et la gloire de la France. Qui ne sent que ce serait un crime de troubler cette source ?

Parmi les pages les plus admirables où l'on peut surprendre la noblesse de l'âme française durant cette guerre, je n'ai rien lu qui dépasse trois, quatre lettres d'un simple facteur des postes, Jules Guérin, facteur au bureau de la rue Jouffroy, qui afin de pouvoir partir au moment de la mobilisation, donna sa démission et immédiatement rejoignit le 269ᵉ d'infanterie. Là il se lia d'une étroite amitié avec un ingénieur de haute et forte intelligence, Marcel Lecomte. Ils se valaient par l'âme. Écoutez dans quels termes ce facteur quasi illettré, sans orthographe, annonce aux parents de son ami la mort glorieuse de leur fils qui n'est plus :

Cher Monsieur, chère Madame,

Aujourd'hui seulement je trouve le courage de vous écrire, après être bien sûr que vous avez appris la mort glorieuse de votre fils bien-aimé, mon frère d'armes, mort comme je veux et espère mourir, en défendant le sol sacré de notre France au nom du Droit, de la Civilisation et de la Liberté.

Dans nos conversations amicales, — car lorsque le service nous laissait un instant, nous étions l'un près de l'autre, discutant la plus grande chose que l'on puisse faire pour sa Patrie, — nous nous disions : « Quoi que nous fassions, nous ne serons jamais aussi grands que ceux qui sont morts. »

Et quand la bataille a été finie, mon premier devoir a été d'aller fleurir sa tombe, et les larmes que j'ai versées ne sont pas seulement des larmes de regret, mais d'admiration. Combien il m'a paru grand, ce noble et héroïque ami ! Il m'a semblé qu'il me disait : « Tu vois, j'ai passé devant toi. »

Nous avions été cités à l'ordre du jour en accomplissant en Lorraine la même action, fiers de posséder la première citation du 269ᵉ. Pourtant ce n'est pas la récompense qui fait la valeur de l'action. Et lorsque nous rampions dans les blés remplis de morts et de mourants, au milieu de nos ennemis, pour aller chercher une mitrailleuse, ce brave Lecomte, Robert et moi, nous n'étions guidés que par le sentiment du devoir.

Plus tard, après avoir arrosé tous les deux de notre sang le sol de la Patrie, le même sentiment nous a fait revenir, à peine guéris.

Et c'est ce même sentiment qui l'a fait mourir en héros. Nous savions bien, avant la lutte, lui, Chanterel et moi, en nous faisant nos adieux, les sacrifices qu'il fallait faire, c'est-à-dire risquer sa vie dix fois plus que les hommes, être debout quand ils sont couchés, cible vivante alors qu'ils sont abrités. Ce n'est pas que les hommes le comprennent. Ils se disent, au contraire : « S'il n'était pas resté debout, il n'au-

rait pas été touché. » Ils ne se disent pas que s'il n'é-
tait pas resté debout, eux n'auraient pu rester couchés.

Et voilà comment votre fils est tombé mortellement
en montrant l'exemple du plus beau des sacrifices.

Vous pouvez être fiers, cher Monsieur et chère
Madame, de la mort héroïque de votre fils. Sa gloire
rejaillira sur vous, et dans vos larmes d'infini regret
luira l'admiration du grand sacrifice consenti par un
père et une mère à la Patrie. Et aux pères et mères
qui verront revenir leurs fils couverts de gloire et de
lauriers, vous pourrez fournir l'argument indéniable :
« Le mien a fait plus, il a donné sa vie ».

Vous me pardonnerez, cher Monsieur et chère
Madame, si j'ai tant tardé à vous écrire, et ce n'est
pas de gaieté de cœur que l'on apprend la mort d'un
ami si cher, d'un si bon fils, à ses parents.

Je connais bien sa tombe et je sais ce qui me reste
à faire, c'est-à-dire le venger ou mourir comme il est
mort.

Recevez, Monsieur et Madame, mes condoléances
les plus sincères et songez que vous n'êtes pas seuls à
pleurer votre héros.

Respectueuses salutations.

GUÉRIN,
Sous-lieutenant au 269e de ligne.

Peu après le lieutenant Guérin était tué à
la tête de sa section de mitrailleurs. Il ven-
geait et rejoignait Marcel Lecomte.

Quand on a compris par de tels témoignages dans quels sentiments sublimes les
soldats français se dévouent à la mort, on
s'explique l'indignation exprimée il y a quelques jours, dans *Excelsior*, par un écrivain

qui venait de lire au compte rendu *in extenso* et officiel de la séance du 1er février la déclaration que voici, d'un député M. Bernard Cadenat : « *Dans la zone des armées, on donne de l'alcool aux soldats, et vous pouvez vous féliciter qu'ils en boivent, parce qu'ainsi ils ont le courage de monter à l'assaut!* »

L'écrivain que je cite reproduit cette affreuse affirmation et s'écrie :

Je ne pense pas que jamais phrase plus impie, plus odieuse, plus révoltante ait été dite au Parlement français.

A peine avais-je lu cette abominable interruption que je fouillai du regard le bas de la colonne, avec l'espoir d'y découvrir la mention d'un tumulte furieux, tout au moins quelque semonce indignée, ou le coup de fouet d'une réplique vengeresse.

Rien! Pas un mot! Pas un geste! Pas même l'indication d'un frémissement, d'un murmure dans l'Assemblée. Qu'est-ce donc, aujourd'hui, l'atmosphère de la Chambre?

L'écrivain, le Français justement indigné qui jette cette véhémente apostrophe, c'est le père du lieutenant Marcel Lecomte, dont le lieutenant Guérin vient de nous raconter la mort admirable.

Sa protestation satisfait la conscience française. On ne peut pas supporter qu'une si haute tribune méconnaisse aussi effroyablement notre gloire, proclamée par l'univers entier, qui est que, chez nous, cette guerre est toute dominée par l'élément spirituel. Hier, un jeune héros m'écrivait : « Nous ne permettrons pas qu'on nous sabote notre guerre. » Lisez : « Nous ne permettrons pas qu'on dégrade l'effort que nous avons fourni, le monument de grandeur morale où nous nous sacrifions pour notre honneur et pour la France.

Ah! mon cher Georges Lecomte, vous demandez ce qu'est devenue l'atmosphère au Palais-Bourbon? Elle est devenue positivement irrespirable à force de trivialité, de parti-pris, de bêtise et de haine. Les impurs dominent l'Assemblée, l'intimident, la salissent, y règnent. Le public ne peut pas encore mesurer la profondeur du cloaque. L'inexpiable séance où Pugliesi-Conti fut livré aux injures et aux agressions des embusqués s'est renouvelée par la suite dans les couloirs. Notre honorable collègue fut apostrophé, entouré par eux, alors qu'il lisait un journal dans la salle de lecture, et il dut avertir par lettre le président Deschanel qu'il ne viendrait plus dans l'établissement qu'avec un revolver dans sa poche.

Mais que peut-on trouver de pire et de plus nuisible aux intérêts nationaux que le scan-

dale qu'ils ont déchaîné en insultant deux généraux et en obligeant le Ministre de la guerre
à quitter la tribune et la salle des séances?

Aucune mesure de précaution, pourtant,
n'est prise pour l'avenir. Je dois élever mon
témoignage, afin qu'il ne soit pas dit par des
patriotes : « Nul ne nous a prévenus; tous
étaient de mèche ou dormaient. » L'immense
majorité des députés est révoltée contre un
scandale permanent qui souille le fonds spirituel qui nous est commun. Déjà Auguste
Bouge a jeté un mot terrible dans sa simplicité.
Un de ces inconsidérés criait au ministre de la
Guerre : « Nous ne sommes pas à la caserne,
ici! » Et Bouge de lui jeter : « Vous devriez y
être. » Un tel mot va loin. C'est le doigt sur
l'abcès.

XXXI

DE TELS MORTS PEUVENT ENCORE
SERVIR LA FRANCE

Le suffrage des morts.

10 Février 1916.

J'ai reçu des centaines de lettres approuvant
l'idée du suffrage des morts. Les familles en
deuil affirment avec nous que leur fils, leur

époux, leur père, tombés pour la patrie, et dont elles entendent, chaque nuit, la voix, n'ont pas fini de pouvoir servir la France. Ils continuent de vivre au milieu de leurs compagnons d'armes et près des êtres qu'ils aimaient. Pourquoi les écarter? Comment jeter si hâtivement à l'abîme ce qui n'a pas fini d'exister? Tant que je verrai leur visage sur le vaisseau qui s'éloigne, je guetterai et comprendrai leurs ordres. Qui donc à notre proposition de vie préférerait une pensée de mort? Je dis à la mère : Le fils admirable que vous avez offert à la patrie se tient à vos côtés; vous pensez par lui, vous parlerez pour lui. Avec lui, dès maintenant, vous pouvez travailler au bien de la France.

Et puis, ce que je veux, c'est élever un magnifique monument à nos morts. Qu'est-ce que le bronze et le marbre qu'on dressera pour eux sur nos places publiques? Vous me dites que l'histoire perpétuera le souvenir de leur vie et de leur mort. Je réponds que ce n'est pas assez de leur garantir le passé, et qu'il faut qu'ils aient un avenir. Péguy, Psichari, Marcel Drouet, tous nos compagnons de lettres pensent encore et nous dictent leurs mots les plus clairs; les instituteurs tombés pour la patrie continueront d'enseigner, mieux que jamais, les petits Français de l'école primaire ; des enfants glorieux des quatre promotions de 1914, Marie-Louise, Montmirail, la Croix du Drapeau, la Grande Revanche, pas un n'a cessé de vivre.

Ce n'est point vers la nuit *qu'ils criaient : «* En avant! »
Mourir n'est pas finir, c'est le matin suprême.
Non! je ne donne pas à la mort ceux que j'aime!
  Je les garde.

Ma proposition sera, dans son essence très simple et très courte :

Le droit de vote de tout soldat mort pour la France passe à sa veuve, s'il était marié ; à son père, s'il était célibataire ; en cas de prédécès du père, à la mère.

Voilà l'idée à mettre en formule, que je prie mes lecteurs de contiuer à répandre autour d'eux. Ils m'ont déjà écrit les lettres les plus belles. Je remercie mon éminent collègue du Sénat, Maurice Hervey, qui, de l'armée où il sert, m'a donné son approbation. Aujourd'hui, je ne veux publier qu'un argument que me fournit une Alsacienne fixée en Lorraine. Il a du poids et, sans s'adapter exactement à notre thèse, la fortifie par les réflexions qu'il nous impose.

15.

Mon père était Lorrain, m'écrit de Nancy Mme M. T. Il fut annexé en 70, alors qu'il venait de risquer dans une affaire son petit capital. Son beau-frère, qui habitait la France, fit pour lui et pour ses trois fils une option valable en France mais non valable pour les Allemands, mon père n'ayant pu quitter l'Alsace.

Il fallait donc faire émigrer mes trois frères à 17 ans. Ils ne revinrent plus à la maison paternelle. L'aîné mourut lors d'une grosse épidémie au Gué de Nancy ; les deux autres sont à cette heure commandants sur le front.

Mes parents, malades, voulurent jouir de leurs fils ; il quittèrent, la mort dans l'âme, la si chère petite patrie. Quatre mois après mon père n'était plus. Et depuis, notre famille, qui a tant souffert pour la France, ne dispose pas d'une seule voix depuis vingt-deux ans.

Est-il juste, monsieur, que nous soyons systématiquement exclus des affaires de notre pays, quand tant d'indignes s'en occupent ?

Je le répète ; cette lettre ne rentre dans aucun des cas que nous examinons ; je la cite parce qu'elle dispose l'imagination à comprendre l'injustice douloureuse que ressentiraient ces familles en deuil, privées d'avoir une voix dans la reconstitution de la France.

Léon Bailby a très bien marqué ce côté du problème dans un article de l'*Intransigeant* où il donne au suffrage des morts son approbation fortement motivée :

Au lendemain de la paix, que de lois sociales seront à voter, que de réformes s'imposeront ! Il faudra ressusciter un dixième de nos provinces françaises, calculer les dommages subis, instaurer le régime nouveau de l'Alsace-Lorraine, pourvoir à la natalité française, assurer l'avenir des mutilés, des pensionnés, des veuves, *veiller à la formation intellectuelle, morale, sociale du fils du soldat devenu orphelin.*

Est-il juste que, par sa bravoure même, l'armée diminue les moyens de se faire entendre ? Peut-on imaginer sans horreur l'instant où, de sacrifice en sacrifice, le peuple des tranchées en arriverait à se trouver moins nombreux que le peuple des non-combattants, et « à subir, comme dit Barrès, *la loi des embusqués ?* »

Qu'on envisage, au contraire, la fierté, la sécurité qu'éprouveraient dans leurs cœurs nos combattants s'ils savaient que, morts ou vivants, ils étendent sur leur famille une protection tangible et prolongée bien au delà de cette vie dont ils font offrande à la victoire !

Honorons par cet hommage nos morts et donnons-leur l'occasion de servir encore la France. Nous attendons de cette guerre qu'elle brise la force allemande, qu'elle élève un mur infranchissable contre les hordes d'outre-Rhin, et qu'elle permette au champ de blé, ravagé, courbé par l'orage, de redresser sa moisson. Mais celle-ci que vaudrait-elle, si les éléments nobles, décimés dans cette guerre, devaient céder leur part de soleil à tout l'ignoble, à tout l'exotique ? Ce serait dans notre victoire même le triomphe du plan des Boches qui voulurent toujours se substituer aux Français en France. Il faut durant quelques années, jusqu'à ce que les enfants des héros

soient devenus des hommes, remplir nos vides.
Remplissons-les avec nos morts immortalisés.

P.-S. — Un chasseur à pied veut que je
proteste contre le projet que l'on forme en haut
lieu de donner du drap bleu horizon à nos
glorieux « vitriers ». Il me dit qu'il me transmet
l'opinion unanime de ses camarades et cite
des noms que j'aime et respecte. Il me persuade, car je sais l'importance des armes
spéciales et de la haute idée que chaque
chasseur se fait justement de son corps d'élite,
mais je me défends d'exprimer aucune opinion
personnelle dans une question que j'ignore. Je
donne la parole à mon ami. Ecoutez sa charmante éloquence entraînante, où le pas du
chasseur à pied se mêle au rythme du poète
(voilà que malgré sa défense, je le découvre
à demi) : « ... L'uniforme des chasseurs à
pied est menacé. On veut nous habiller
d'azur, nous revêtir de capotes bleu horizon,
nous supprimer nos couleurs favorites, sombres et discrètes, on veut en un mot nous
confondre dans l'immense mer bleu pâle de
l'armée française,.. C'est une erreur. Nous
tenons à notre uniforme.

« Nous y tenons parce qu'il est commode
et nous aide à nous dissimuler dans les bois.

Le 13 juillet, à l'assaut de la cote 285, nous avons pu nous avancer sous bois contre l'ennemi, qui ne nous a aperçu qu'au dernier moment et a fui, épouvanté par les couleurs de ceux dont il craint le contact.

« Nous y tenons, parce qu'il nous plaît de nous distinguer de la masse. Notre esprit de corps nous y oblige. Le pantalon bleu à liséré jaune ne fait pas un chasseur, c'est entendu, mais dès qu'il le porte, il se croit obligé à redresser le jarret.

« Ce n'est pas une chimère de dire que notre discipline est à la fois plus familière et plus stricte que celle des bataillons d'infanterie. Gardons notre originalité, notre indépendance, nos couleurs.

« Par amour-propre, on nous fait faire bien des choses. Puisque nous sommes toujours à la peine, qu'on nous permette quelque coquetterie.

« Nous tenons à notre ancien uniforme parce qu'il est sacré. Depuis Sidi-Brahim, il a toujours été à l'honneur. Dans cette guerre, nous avons vu tomber des camarades. Ils portaient des capotes bleu sombre, des écussons jonquille et des cors de chasse sur leurs boutons d'argent. C'est la suprême image que nous conservons d'eux. Si nous devons partager leur sort, il faut que nous nous ressemblions. Tels nous avons commencé la campagne, tels nous devons la finir. Que la mode change pour les autres, pas pour nous!

« Voilà ce que je tenais à vous dire, parce que, Lorrain, vous ne voudrez pas voir défiler, après la victoire, dans les rues de Nancy, de Pont-à-Mousson, de Saint-Dié ou de Baccarat, les chasseurs dans un autre uniforme que celui sous lequel ils ont monté la garde, combattu, couché sur la dure, volé à l'assaut, et sous lequel tant des nôtres dorment leur dernier sommeil. Laissez-nous les couleurs de la nuit bleue et des épis d'or. »

Ainsi nous vient de la tranchée la page d'anthologie la plus vive et la plus brillante à la gloire de nos « vitriers ». Le ministre doit-il y rester insensible?

XXXII

HUMANI GENERIS ODIUM

La propagande à l'étranger.

12 Février 1916.

Les Allemands reprochent aux Français, aux Anglais et aux Belges (dont ils disent que parmi leurs adversaires ce sont « les seuls qui comptent intellectuellement »), d'avoir, depuis le début de la guerre constamment manqué du sens de la réalité et de n'avoir jamais su considérer les choses « objecti-vement ».

C'est par suite de cette incapacité que nous nous sommes abandonnés à un si regrettable débordement d'injures contre le militarisme prussien, contre l'armée allemande, contre l'Allemagne; c'est pourquoi encore nous avons accepté et répandu les abominables calomnies qui représentent les braves soldats allemands, pourtant si scrupuleux dans la discipline, comme une bande de brutes déchaînées.

Ainsi parlent les penseurs allemands. « Ce n'est pas à Joffre, à French, à Cadorna, à Russki, mais à la déesse *Calumnia*, fille de l'impuissance, que les Alliés devront élever un grand monument quand ils seront à la fin de cette guerre, car c'est d'elle qu'ils au-ront tiré le plus d'aide. La semence de haine qu'elle a jetée au vent portera de nouvelles moissons encore bien des années après que les canons seront devenus muets. »

Telle est la pensée du docteur Mühling, et si vous voulez bien la suivre, elle va com-mencer à vous intéresser, car vous verrez quelles inquiétudes la remplissent.

Dans d'autres guerres, dit Mühling, on avait déjà vu la calomnie française à l'œuvre, par exemple en 1870-71, mais jamais elle ne s'est offert des orgies comparables à celle où elle se vautre dans celle-ci ; jamais non plus elle n'avait fait pareille récolte de résultats. « *N'essayons pas de nous faire d'illusions : il n'existe pas présentement dans le monde un peuple plus haï que ne l'est le nôtre.* Des millions d'hommes croient que nous trouvons notre plus grand plaisir à couper les mains des petits enfants, que nous mettons notre prédilection à égorger des vieillards et des femmes, que nous nous baignons plus volontiers dans le sang que dans l'eau, que l'on n'a jamais vu au cours de l'histoire peuple plus brutal, plus cruel, plus ennemi de l'art que le nôtre. Si c'est là que nous en sommes, il faut en chercher la cause dans des milliers de télégrammes, d'articles de fond, de publications scientifiques, de romans, de mémoires, voire de pièces officielles qui se donnent l'apparence de la solidité et qui ont su répéter ces calomnies sans devenir fastidieuses... »

Eh ! docteur Mühling, vos atrocités, s'il existe une vérité, doivent être tenues pour des faits certains, puisqu'elles ont été relevées officiellement par le premier président de la

Cour des comptes, par un ministre plénipo-
tentiaire, par un conseiller d'État, par un
conseiller à la Cour de cassation, qu'il est
bien impossible que vous traitiez d'imbéciles
ou de menteurs, et qu'elles sont confirmées
par les aveux de vos soldats tels que les a
recueillis sur leurs carnets de guerre Joseph
Bedier, qui est l'un des savants les plus respectés de l'Europe.

Aussi bien, le monde est fixé sur l'effroyable
sauvagerie des bourreaux de Louvain et de
Gerbéviller.

Nous avons essayé de réagir, déclare G. von
Pascher et Mühling, et nous continuons de
nous y efforcer, mais notre position n'est pas
bonne. On ne sait guère l'allemand de par
le monde; aussi, pour cent Allemands qui
entendent l'anglais et le français et souvent les
deux ensemble, c'est à peine si cinq Anglais
et un Français comprennent l'allemand.
Ensuite, les hommes cultivés de France, d'Angleterre et d'Amérique et leurs clients intellectuels des pays neutres considèrent les opinions qui se développent dans les livres et les
journaux d'Allemagne comme absolument
partiales...

Ceci est exact, docteurs Mühling et Pascher, la réputation des savants et philosophes

allemands, je veux dire leur réputation de probité intellectuelle, est perdue depuis qu'on a vu l'arrogance et le mensonge de leur fameux manifeste.

Ah ! ce manifeste, ils ne l'écriraient plus. Leur ton a bien changé depuis quelques mois. Au début de la guerre, les Allemands disaient : *Oderint dum metuant*, qu'ils me haïssent pourvu qu'ils me craignent. Mais cette race, sous le vent de la défaite, se mettra à genoux. Écoutez comment elle commence à gémir :

La calomnie *d'avant* préparait les voies à la calomnie de *pendant* la guerre. Les livres et les journaux se sont acharnés à nous ridiculiser dans nos vêtements, dans nos plats de prédilection, dans nos manières, dans notre parcimonie à l'heure du pourboire, dans notre pédantisme. C'est vrai que tout cela n'allait point sans mériter quelques reproches : « Nous sommes jeunes comme peuple mondial et nous ne sommes pas encore parfaitement débarrassés des coquilles de notre œuf, mais il y avait à dire de nous autre chose de plus avantageux pour nous... »

Risum teneatis ? Vous retiendrez-vous de rire devant ces gémissements du barbare ? « Hélas ! continue l'un d'eux, un nommé Niessen, on est arrivé au résultat qu'on cherchait.

« *Nous autres, loyaux Allemands, nous agaçons tout le monde. Redoutés, ridiculisés et énervants, nous avons plus qu'il ne fallait pour endosser, bon gré, mal gré, la responsabilité de la guerre et ensuite celle des pires abominations ; ..... aussi la réprobation du monde entier ou à peu près s'est jetée sur nous comme sur une bande de chiens enragés.* »

Les « chiens enragés » ont adopté deux attitudes contradictoires. Tantôt ils nient leurs crimes, tantôt ils s'en glorifient. Un nommé G. Misch écrit (*von geist des Krieges, Diederich*, Iéna) : Ah ! vous n'êtes pas encore fatigué d'opposer la barbarie tudesque à la civilisation romaine ? « Mais avant de fulminer contre ce qui s'est passé à Louvain et à Reims, les prétendus « Romains » seraient sages de faire un retour sur leurs propres héros et de songer à César devant Alexandrie. » C'est implicitement l'aveu, mais dans le journal *der Tag* de Berlin, le général von Dithfurt écrit avec plus de netteté encore : « *On nous traite de barbares : la belle affaire ! Nous en rions... Qu'on ne nous parle pas de la cathédrale de Reims et de toutes ces églises et de tous les palais qui partageront son sort ; nous ne voulons rien entndre. Que de Reims nous arrive seulement l'annonce de la deuxième entrée victorieuse de nos troupes : tout le reste nous est égal..... »*

Cependant les mois se succèdent et le gouvernement allemand, à mesure qu'il voit la victoire lui échapper, se prend à redouter cette accusation que l'univers lui jette à la face (et que son peuple pourrait un jour reprendre), d'avoir provoqué la guerre. Il se préoccupe de la réfuter.

La Russie est l'incendiaire; la France et l'Angleterre ses complices, dit-il. Et il annonce qu'il le prouvera *aux conférences de la paix*, par une suite de faits irréfutables, tirés des documents officiels qu'ont publiés eux-mêmes les gouvernements de la Triple Entente. Ce sera si clair que l'opinion qui accuse l'Allemagne d'avoir désiré et provoqué la guerre disparaîtra devant le verdict de l'histoire.

On croirait avoir un avant-goût de cette impossible réhabilitation. Le *World* peut satisfaire notre curiosité. Un de ses rédacteurs nous raconte être allé de Hollande à New-York sur le paquebot *Rotterdamer,* qui fit escale à Falmouth. Là, les autorités anglaises visitèrent le vaisseau et débarquèrent les sacs provenant de Berlin. Elles espéraient, dit le journaliste, y saisir le plaidoyer du gouvernement allemand. L'ont-elles trouvé ? Il l'ignore, mais lui, quelques jours après, quand les Anglais permirent au *Rotterdamer* de continuer son voyage, il en put obtenir, en cours de route, un exemplaire.

Inutile de l'analyser en détail. Sachez seulement que la Russie désirait la suprématie en Orient, la France sa revanche, et l'Angleterre la suppression d'une redoutable concurrence commerciale. Alors ces trois pays tissèrent le filet de l'entente. Le gouvernement impérial estime qu'un seul mot de la France eût suffi pour arrêter la Russie, et un seul mot de l'Angleterre pour arrêter la France; mais les hommes d'État français et anglais ont préféré le maintien de l'entente à la paix du monde, et ils ont enlevé la plus grande partie de l'opinion publique « en invoquant le caractère sacré des traités écrits et oraux ».

... Dans cette dernière phrase s'étale la lourde ironie allemande, toute faite d'incompétence. Évidemment, « le caractère sacré des traités écrits et oraux », c'est quelque chose que la Germanie est devenue incapable de comprendre. Qu'une nation ait le sentiment de l'honneur, qu'elle respecte sa parole et sa signature, c'est ce que ces « réalistes » refusent d'admettre. On me rappelait encore hier ce mot d'un officier allemand, disant à un Français : « Pourquoi ne pas nous entendre ? Nous prendrons une partie de la Belgique en vous laissant la région wallone. » Et comme notre compatriote se récriait : « Mais la Belgique est notre amie, elle vient de souffrir pour nous. — Ah! dit le Boche avec mépris, si vous faites du sentiment! »

La violation des contrats érigée en loi nécessaire, voilà le fait essentiel qui détermine dans cette guerre les peuples susceptibles d'honneur à prendre parti contre l'Allemagne. Les pédants que nous venons de citer au cours de cet article ont raison dans leurs doléances, quand ils confessent qu'ils sont ridicules de plusieurs manières, mais leurs petites vilenies qu'ils avouent ne suffisent pas à expliquer qu'ils soient, comme ils le reconnaissent, l'objet de la haine du genre humain. Un tel soulèvement de l'élite ne peut provenir que de raisons profondes. La Germanie a voulu se mettre au-dessus de la loi et de la foi humaine. Dans sa première force, en août 1914, elle le faisait en défiant la terre et le ciel, mais aujourd'hui, à demi-vaincue, voyez comme ses moralistes pleurnichent.

XXXIII

LE RAYONNEMENT GRANDISSANT
DE LA FRANCE

La propagande à l'étranger.

14 Février 1916.

La Suisse est un des pays où l'on prend le mieux la température du Boche. Qui veut saisir les courbes de l'opinion mondiale et connaître comment les chances de victoire se dessinent, peut aller chez nos fiers et solides voisins. S'il les écoute parler en confiance, et que d'heureuses rencontres le favorisent, il sera renseigné. Il ne saura pas l'avenir (l'avenir est dans le cœur de nos poilus; nous ne demandons à personne qui vaincra; nos soldats morts et vivants nous le disent), mais il connaîtra ce que pensent nos adversaires et ce que pronostiquent les spectateurs les mieux renseignés.

Je ne suis pas allé en Suisse, mais j'ai recueilli de plusieurs voyageurs des notes certaines et pleines de sens, que je les remercie de me laisser employer.

Les Suisses ont beaucoup de peine à croire aux atrocités allemandes. Je m'explique leur répugnance. Bien que j'aie vu, en 1870, dans ma petite ville natale, les Prussiens assassiner et brûler, bien que j'aie toujours connu, grâce à mes amis d'Alsace et de Lorraine, la grossière infériorité de leur race, je n'imaginais pas, à la veille de 1914, de quelles ordures et de quels crimes ces Barbares étaient capables. Il a fallu que je visse les ruines encore fumantes et sanglantes de la Lorraine, et que des témoins tels que la Sœur Julie me fissent sur place leurs effroyables récits. Les Suisses, eux, n'ont rien vu. « Quoi! disent-ils, ces Herr Professor, ces créateurs authentiques de la Kultur, auraient anéanti au milieu d'infâmes orgies Louvain, Gerbéviller, Nomény? Nous ne pouvons pas l'admettre. La chose n'entre pas dans notre esprit. D'ailleurs, c'est du passé; les soldats allemands ont maintenant l'ordre de faire la guerre d'une tout autre façon. »

Le seul argument qui porte est de répondre : Preuve qu'ils avaient aussi des ordres quand ils faisaient la guerre atroce.

Ce qui agit très fortement sur l'opinion suisse, c'est le passage des évacués. A Berne, à Zurich, l'effet fut immense. On m'a dit que

Schaffouse avait été complètement dégerma-
nisée.

*Je voudrais, écrivait un témoin, que tous les
Français pussent voir leurs pauvres compatriotes internés en pays boche qui arrivent ici
pour retourner en France. Il faut être sans
cœur pour ne pas avoir des larmes aux yeux.*

*Nous faisons tout pour eux. On leur four-
nit d'abord une bonne nourriture, des bains, et
puis on les habille entièrement et l'on donne à
chacun un sac de linge... Nous encourons les
injures quotidiennes des journaux allemands et
leurs menaces, parce que nous aidons ces malheureux.*

*Si ces internés dépendent de la charité, je
puis vous dire que le retour de vos mutilés
prend le caractère d'un voyage de triomphe
sans pareil.*

*Je n'oublierai jamais l'arrivée du premier
train venant directement de Constance, quand
il fit son premier arrêt sur le territoire suisse
à Winterthur. Une nuit d'hiver avec beaucoup
de neige et l'entrée lente de la locomotive sur
laquelle un énorme drapeau blanc avec la
Croix Rouge. L'accès de la gare était défendu
et gardé par des dragons. Mais cela ne nous a
pas empêchés de détruire les palissades et de*

prendre pendant quatre jours la gare d'assaut.

Des milliers de personnes apportaient du tabac, des cigarettes, du chocolat, des gâteaux, des milliers d'oranges, des fleurs, etc. J'ai parlé à beaucoup de ces malheureux. Beaucoup pleuraient de joie de la sympathie des Suisses et surtout des Suisses-Allemands (mais pas boches). Les premiers wagons étaient pleins de gens sans jambes, les autres contenaient des héros sans bras, aveugles ou autrement mutilés; il y en avait même qui avaient perdu la raison. Le dernier soir, il y avait à côté de moi deux jeunes filles qui apportaient des fleurs et je n'oublierai jamais la jolie figure d'un petit soldat sans jambes qui demandait des fleurs à travers la fenêtre.

J'ai causé avec beaucoup de ces glorieux mutilés. Ils étaient avares de nouvelles, mais absolument sûrs de la victoire.

Il n'y a pas de mots pour exprimer l'émotion dans le public. Et jamais je n'ai entendu des « Vive la France! » et « Vive la Suisse! » de part et d'autre aussi sincères quand le train s'éloignait vers votre patrie.

Admirez avec reconnaissance une telle page qui nous vient, notez-le, de la Suisse allemande. Ces nobles gens, parfois pleins de

préjugés contre nous, ont vu à leur passage
les victimes de l'Allemagne. Et puis ils sont
en train de méditer sur l'affaire des colonels
et d'en tirer des conclusions qui ne peuvent
que nous être extrêmement favorables.

Je me garderai bien de juger ou de com-
menter dans son fond cette grave affaire. La
presse française a voulu la considérer comme
purement locale. Je m'associe à cette discrétion très sage. Bornons-nous à constater du
dehors que l'incident a donné dans la Confédération une place d'honneur aux Suisses
romands. On les avait trouvés excessifs dans
leur germanophobie; on a dû convenir qu'ils
avaient raison. Dans les premiers jours,
si l'indignation s'exprimait de façon plus
bruyante, plus triomphante chez les Romands,
elle était au moins aussi profonde chez les
Alémaniques et comme nuancée de honte.
Par la suite, on a essayé de diminuer la ma-
térialité des faits : la culpabilité des officiers
serait indéniable, mais leurs fautes n'auraient
pas eu de conséquences graves. Cette tactique
agit sur l'esprit des intellectuels, mais le
peuple, dans l'ensemble, exige une sévère
justice. On m'a cité des mots saisissants, en
patois de Berne, recueillis dans la classe ouvrière. Le sens en était : « Ils nous ont salis ! »

Ainsi grandit notre situation morale à mesure que se révèlent, par la vue de leurs victimes, par la vue de leurs complices, les procédés de cruauté familiers à nos ennemis.

Dans certaines régions de la Suisse alémanique, l'opinion nous était hostile au début de la guerre, à cause des scandales de nos politiciens. Plusieurs, qui avaient eu des tendances françaises, se disaient écœurés, et opposaient à nos désordres la solidité de l'Allemagne. La situation s'est retournée, lorsque la France a révélé le trésor de ses forces morales... Enfants qui vous battez avec allégresse, territoriaux vaillants sous le poids des soucis domestiques, familles qui portez fièrement l'angoisse et parfois la mort, vous êtes une révélation pour les étrangers qui ne savaient pas la sainteté du cœur intact de la France.

Que ne sommes-nous davantage connus! Il serait à souhaiter que beaucoup de Français pussent aller dans la Suisse allemande, où ils ne manqueraient pas de saluer Spitteler et tant d'universitaires et d'esprits justement estimés. Pas plus intellectuellement qu'économiquement, les libres citoyens d'aucune partie de la Suisse ne veulent être jetés dans les bras de l'Allemagne; ils nous demandent de rétablir l'équilibre. Ce besoin

d'indépendance spirituelle vient d'être exposé
avec une netteté remarquable par un théolo-
gien de Zurich, le professeur Ragaz. Ici,
m'affirme celui qui me guide, nous touchons
au fonds religieux ; le luthérianisme, religion
de princes, s'oppose à la réforme de Zwingli
et de Calvin, et, sur ce point, Zurich et
Genève s'unissent. Qu'on leur fasse donc
connaître le caractère vrai de nos mœurs ;
qu'on leur démontre à tous que le salut des
neutres dépend de notre absolue victoire.

Cette victoire, ils commencent à l'admettre.
Ils voient grandir l'inquiétude allemande.

Dans les milieux universitaires, dans les
salons, les hôtels et jusque dans les chemins
de fer, il est impossible de rencontrer en
Suisse des Allemands sans qu'ils parlent de
la paix. C'est leur idée fixe. Qu'est venu faire
le prince de Bülow à Lucerne? Il ne semble
pas qu'il ait eu une mission, mais s'il avait
cueilli un fruit, on l'aurait accepté. Il n'a pas
réussi. Pour donner une idée de cette obses-
sion, j'extrais des notes que je feuillette une
petite scène vraie, bien caractéristique.

Un Français raconte une conversation qu'il
eut avec un Autrichien. Je le trouvai, dit-il,
excédé de la guerre : « Que veulent donc vos
compatriotes? Où pensent-ils en venir? Va-

t-on continuer à se massacrer, à détruire les élites? Comment reprendra demain la vie de l'humanité? » Et ce Germain essayait de faire de la psychologie collective, de comprendre l'âme française et ses réactions. Mais sa femme, plus allemande et rageuse, voulut savoir nos conditions. Je répondis que c'était à l'agresseur de formuler les siennes. « Non, disait-il, les Empires Centraux ont été attaqués; vous ne pouvez pas nier l'encerclement; tout au plus nous sommes-nous bornés à choisir l'heure. » Il avoua d'ailleurs que parmi les conditions françaises, il en était une que l'Allemagne ne pouvait pas accepter avant d'avoir éprouvé un désastre. Alors sa femme de s'écrier : « Nous évacuerions tout, nous vous rendrions l'Alsace et la Lorraine, que vous voudriez encore continuer la lutte, entrer en Allemagne, exterminer l'Allemagne. » Pour finir, elle eut ce cri suprême de peur : « Et vous nous demanderiez encore de l'argent. »

Les Allemands de toute classe expriment une véritable terreur quand on leur parle de nos réserves en hommes, en argent, et de la résolution farouche de notre peuple tout entier. « Même dans le peuple? Ah! nous n'aurions pas cru. » Évidemment, ils avaient compté sur une France toute différente, vite lasse de la guerre. Et que le socialisme français devienne comme la sozialdemokratie un parti national, quelle immense déception !

Beaucoup de ces Germains sont d'ailleurs assez mal informés, et continuent à croire que les Anglais occupent Calais, qu'ils ne nous le rendront pas, et que, pour le reprendre à ces félons, nous nous allierons demain à nos adversaires d'aujourd'hui. Ils sont stupéfaits d'apprendre que ce sont là des fables.

Pour relever leur moral, le gouvernement impérial leur annonce de prochaines victoires. Au mois dernier, c'était une offensive monstre sur notre front : le réveil russe les a forcés d'y renoncer ; maintenant, ils se bercent avec l'idée d'une attaque sur Calais, avant que le nouveau bill anglais puisse produire ses premiers résultats, ou bien une randonnée terrifiante de Zeppelins. Au juste, ils manquent d'horizon. Leur épuisement moral est indéniable.

Ainsi tout ce que l'on apprend de l'Allemagne et de sa lente usure est encourageant, donne à croire que le civil tiendra moins que le militaire et que la nation s'affaissera quand l'armée sera encore pleine de vigueur.

Et puis en Suisse, comme en Hollande, comme dans les pays scandinaves et dans

l'Amérique, un flot d'impressions nouvelles
entoure le Français. Ce qui domine tout, me
disent les voyageurs, c'est l'estime nouvelle,
l'admiration, la sympathie dont la France est
entourée. Dès aujourd'hui, notre situation
dans le monde, grâce à vous, officiers et soldats, est tout à fait changée. Quand nous
serons vainqueurs, nous le serons sans tache
et avec l'auréole la plus pure.

XXXIV

POUR UNE ANTHOLOGIE DES ÉCRIVAINS TOMBÉS A L'ENNEMI (1)

In memoriam.

16 et 17 Février 1916.

Au lendemain de la guerre de 1870, un grand poète qui s'est élevé parfois au sublime et qui s'est égaré d'autres jours dans des milliers de vers incroyables de platitude, le vieil Auguste Barbier, écrivait, comme parlant à soi-même, les lignes rimées que voici :

Dans les jours malheureux où l'Allemagne entière
Se rua sur la France en sauvage guerrière,
Bon nombre de Français de tout âge et tout rang
Firent pour son salut offrande de leur sang.
Soit au nord, sous Paris, ou le long de la Loire,
En s'immolant pour elle ils trouvèrent la gloire :
C'étaient des magistrats, des peintres, des sculpteurs,
Des savants, des rentiers, et même des acteurs,
Mais, hélas ! et mon cœur tristement le regrette,
La Muse n'a pas vu tomber un seul poète.

Pauvre pièce où l'auteur des *Iambes* cherche en vain à retrouver le soleil de sa jeunesse !

(1) *Anthologie des écrivains français morts pour la Patrie* par Carlos Laronde, 2 vol., à la librairie Larousse.

Et pourtant sous cet hiver ne sentez-vous pas de la rêverie, une méditation à qui manque seulement la chaleur pour qu'elle s'élève, entraîne les regards, hausse les âmes?

La Muse n'a pas vu tomber un seul poète.

murmure le vaincu de 1870, et nous, à l'heure où j'écris ces lignes, après dix-neuf mois de guerre, nous avons inscrit sur la stèle de notre corporation deux cent dix morts à l'ennemi.

Parmi eux plusieurs grands poètes s'étaient déjà fait reconnaître, et d'autres en tombant se révèlent. Hier, l'auteur des *Matins lumineux,* devenu le lieutenant de chasseurs à pied Georges Ducrocq, m'écrivait de l'Argonne : « J'avoue que je préfère à tout maintenant le moral de ces hommes qui se jettent dans un entonnoir et s'y font tuer pour gagner quelques pouces de terrain sur l'ennemi. Guerre obscure dont nul ne nous sait gré, guerre sans éclat et sans récompense. Qu'importe ! On ne respire, on ne vit, *on ne voit le fond des âmes que sous le feu.* »

Parfois nous avons reconnu avec respect quelle source de poésie jaillissait dans l'âme de nos amis en lisant leurs confidences sacrées par la mort. Le portrait que, à la veille d'être tué lui-même, Paul Drouot, petit-fils du Sage de la Grande Armée, nous traçait de cet autre sage le commandant Madelin, qu'il venait de voir mourir sur le champ de bataille ; le carnet de noblesse et de douleur que Marcel Drouet nous a légué en tombant sous Verdun ; le *Journal* de François Laurentie, plus austère, et qui nous donne l'âme du territorial, comme Drouet, l'âme du jeune soldat, voilà des textes chargés d'expérience sur lesquels la pensée française, durant des années, va faire sa méditation.

Et derrière ces étoiles, qu'avant la guerre nous ne connaissions pas, voici des nébuleuses, à peine des pâleurs, une vague blancheur d'adolescence, qui commencent de faire parvenir jusqu'à nous leur lumière et leur chaleur. J'ai sur ma table les lettres de Léo Latil, jeune frère plus pur de Maurice de Guérin, celles de Jean Rival, aspirant de chasseurs, des pages de François Baudry, de Raymond Cottineau, de Louis-René Rivière, du chasseur à pied Michel Pénet, du chasseur alpin Louis Vaton, de Paul Vial, de Jacques Brunel du Perard, de Roger Couturier, un engagé de dix-sept ans, présenté et glorifié par sa mère elle-même :

Sois béni, mon enfant, toi qui sus bien mourir.

Ces adolescents se dévouent à la France et à la mort avec tant de bonne volonté qu'à les voir, rempli de douleur et de respect, le plus médiocre d'entre nous se sent transformé. Avec ces enfants rayonnants, l'esprit s'élance vers une existence plus haute où ne règnent plus que la beauté, la sainteté et la gloire. La vie terrestre se dépeuple pour accroître l'univers idéal.

Un fait qui peint d'une manière terrible le dommage subi par les lettres françaises, c'est l'état où l'on voit une jeune revue ardente et brillante, superbe de nationalisme, la *Revue critique*, aujourd'hui toute sanglante de vingt-sept blessures glorieuses.

Des jeunes gens qui s'étaient groupés pour élaborer ensemble la notion de l'ordre s'élevèrent soudain à l'enthousiasme du sacrifice : « Nous étions quarante collaborateurs, m'écrit mon ami Jean Rivain ; treize sont morts, onze blessés, trois disparus. » Et sur nos grandes écoles d'art et de science mesurez donc les brèches ! Le secrétaire de l'École des Beaux-Arts m'écrit : « De nos élèves proprement dits, 86 sont tombés au champ d'honneur et, à côté d'eux, 33 aspirants élèves », 119 jeunes frères d'Henri Regnault. Ernest Lavisse que j'interroge me répond : « Six promotions sont allées directement de l'Ecole au feu, soit 293 élèves : 87 ont été tués ; 17 ont disparu depuis longtemps et nous n'avons plus aucun espoir de les retrouver ; 101 ont été blessés, 24 sont prisonniers. Je connais un jeune homme qui vient de recevoir dans la tranchée sa nomination de normalien. Il est appelé à remplacer ceux qui, au dernier examen, avaient passé devant lui. Comme c'est frappant de grandeur triste ce recrutement de la France sous la pluie de mort !

J'aurais dû m'informer encore de plusieurs côtés au barreau, dans les facultés, dans toutes les écoles spéciales, dans les collèges, mais l'heure venue, on le dressera, ce livre d'or des intellectuels ; aujourd'hui, je ne veux jeter qu'une sorte de prière, un cri, une exclamation de gratitude et d'émerveillement en passant devant le palais de la jeunesse à demi-écroulé.

On admire et l'on s'étonne.

Pourquoi, dans cette guerre, l'Intelligence s'est-elle portée au premier rang ? Comment a surgi, chez les enfants aimés des Charites et des Muses, cet esprit de sacrifice ? D'où vient que dans son pire péril notre patrie peut ainsi s'appuyer sur la génération la plus unanime qu'elle ait jamais produite ?

Le jour de la victoire d'Iéna, 14 octobre 1806,
Chateaubriand, ayant achevé d'examiner autour de Jérusalem les champs de bataille
immortalisés par le Tasse, attendait à Jaffa le
bateau d'Egypte, et, célébrant avec innocence
ses fatigues, il ne tourna pas une seule fois
son regard vers l'armée française qui allait
entrer dans Berlin... Baudelaire félicitait
Pierre Dupont d'avoir pu, avec l'argent de
son premier livre de vers, échapper au service
militaire : « Il s'est racheté de l'esclavage par
la poésie, écrivait-il. Quel honneur, quelle
consolation d'avoir forcé la Muse à jouer un
rôle utile, immédiat, dans sa vie!... » Sans
doute Vauvenargues et Vigny, tout animés par
les grands sentiments de l'honneur militaire
et de la plus fière indépendance sous le har-
nais de la discipline, sont mieux accordés avec
les vocations sublimes qui s'épanouissent à
cette heure autour de nous, mais l'un et
l'autre respirent quelque chose d'austère jusqu'à la morosité, alors qu'une flamme joyeuse,
une raison enthousiaste et toute claire sou-
lèvent les écrivains-soldats de 1914-1916.

Nul précédent. C'est quelque chose d'inouï
qui vient d'apparaître dans les lettres françaises. Nous aimons le jeune Sophocle, aux
seize ans baignés d'azur, quand il entonne le

pæan, à pleine voix et sur la lyre, au milieu du chœur des adolescents, pour célébrer la victoire de Salamine; mais pensez aux mille jeunes gens, frémissants de fierté, qui, le 31 juillet 1914, se groupèrent dans la vaste cour de Saint-Cyr; là se trouvaient les deux promotions *Montmirail* et la *Croix du Drapeau;* écoutez! Voici qu'ils prononcent le fameux serment, qu'on ne peut qu'admirer de tout son cœur, et qu'il faut détester, le serment d'aller au feu gantés de blanc, le casoar en tête. L'un d'eux, Jean Allard-Méeus, déclame ses deux poèmes de jeunesse et de guerre, et puis, quinze jours plus tard, l'enfant magnifique tombait à dix-neuf ans, le front et le cœur brisés par deux balles.

Qu'y eut-il jamais de beau dans le monde? Les adolescents de Platon, les jeunes martyrs chrétiens, les écuyers du xiie siècle, attendant le sacrement de chevalerie, les Marie-Louise de l'Empereur? Mais c'est aujourd'hui que l'on voit les classes de 1914, 1915, 1916, 1917.

Par ce temps de pluie éternelle, me disait hier André Peraté, vous rappelez-vous l'estampe de Raffet? Derrière un talus d'herbe, un fossé plein d'eau où toute une escouade, le fusil au bras, est enfoncée jusqu'au ventre.

Un grognard se retourne pour nous dire, à
peu près (je n'ai pas la légende sous les yeux) :
« Il est six heures du soir ; l'ennemi ne se
doute pas que nous sommes là ; nous le sur-
prendrons demain, à cinq heures du matin. »
C'est joli ! Mais nos enfants, qui sont les petits-
fils de ceux-là, plaisantent du même ton, et
ils sont dans le fossé depuis novembre 1914...
Au printemps de 1915, m'a raconté l'un
d'eux, l'élan de la jeune classe fut sublime ;
le réveil de la nature, l'annonce de la grande
offensive nous enivraient. Toute l'ardeur que
nous aurions dépensée pour une amie, pour
de grandes promenades, nous l'employions à
nous enthousiasmer pour nos chefs et pour
la trouée.

Que c'est pur et quel mystère pour ceux
qui songent en silence à des vingt ans moins
beaux jadis ! Pourquoi les jeunes âmes sont-
elles, à certaines époques, pleines de divinité ?
La formation des âmes, leur avènement
brusque à l'heure nécessaire, d'où cela vient-
il ? Pourquoi Péguy, pourquoi Psichari, pourquoi Léon de Montesquiou, pourquoi François
Laurentie, que son frère Gabriel suit à quelques mois dans la mort, pourquoi Guy de
Cassagnac, pourquoi Pierre Leroy-Beaulieu,
pourquoi Joseph Lotte, pourquoi Paul Drouot,

pourquoi Lionel des Rieux, pourquoi Pierre Gilbert, pourquoi Marcel Drouet, pourquoi Joseph Hudault, pourquoi Despax, pourquoi Jean-Marc Bernard, pourquoi Charles Dumas, pourquoi Charles Perrot, pourquoi André Lafon, pourquoi Henry du Roure et Charles Duroure, pourquoi Alain-Fournier? et qu'ils me pardonnent leurs égaux, qu'à cette minute je ne dénombre pas. Pourquoi les jeunes cénacles et les jeunes Ecoles qui partent au tocsin en chantant ? Pourquoi tous nos collèges qui bouillonnent d'impatience ? Pourquoi cette émulation fraternelle des curés et des instituteurs? Pourquoi les intellectuels courent-ils, quel que soit leur credo, à la mort, et comment toutes les confessions ne rivalisent-elles plus que d'héroïques sacrifices? Un enfant obscur, Léo Latil, de la tranchée d'Alsace où il va mourir, peut écrire aux siens avec allégresse cette phrase inoubliable : « L'élément spirituel domine tout dans cette guerre. »

Mens agitat molem, mens divinior. La corporation des écrivains français doit multiplier les témoignages de sa piété envers ces poètes, ces penseurs, ces romanciers, ces esprits, qui tombent les armes à la main, face à l'ennemi, et qui mettent dans la famille de Pascal, de

Corneille, de Racine, de Molière, de Chateaubriand, de Balzac, de Lamartine et de Hugo
une gloire sans précédent. « La liste que vous
tenez à jour, écrivais-je, dès la première
heure, au *Bulletin des Écrivains de 1914*, est
vénérable comme les registres de maroquin
où nous gardons à l'Académie les signatures
des génies classiques. »

Déjà, sous la Coupole, parlant au nom de
la plus illustre Compagnie qui existe dans
notre pays, M. Étienne Lamy, secrétaire per-
pétuel de l'Académie française, a prononcé
l'éloge des écrivains tués à l'ennemi, et cette
année encore nous poserons sur leurs tombes
nos couronnes.

Pour leurs familles, la Société des gens de
lettres a fait frapper une médaille admirable
*Credidi, propter quod locutus sum et mor-
tuus : J'ai attesté ce que j'ai cru par ma
parole et par ma mort ;* telle est la légende
qui se développe sur les deux faces cise-
lées par Henri Nocq. D'un côté, la *Marseillaise* de Rude appelle aux armes la
France en jetant un cri de foi et d'espérance ; les deux bras étendus, toute en
flammes, elle vole au-dessus de notre canon
de 75 ; au revers, une Victoire est assise avec
la plus noble expression de tristesse sur un

tombeau qu'elle protège de ses grandes ailes.
La tête courbée, elle appuie son visage sur sa
main gauche ; c'est le geste familier de l'art
antique pour représenter la douleur pensive.
Sa main droite, qu'elle laisse tomber, tient la
couronne immortelle. Sur le tombeau, un
livre ouvert, une épée, un képi caractérisent
l'écrivain-soldat. Dans le lointain, au second
plan, rayonne une croix, symbole de l'espérance.

Cette œuvre grave et charmante portera
aux siècles futurs notre piété envers nos confrères, mais notre hommage serait incomplet
si nous négligions de recueillir et de répandre
leur œuvres. La Maison Larousse va publier
l'*Anthologie des écrivains morts pour la patrie*.
Mon vieux camarade ligueur Gustave Voul-
quin était venu m'entretenir de cette idée ;
M. Carlos Larronde la réalise ; j'ai accepté
l'honneur de la présenter au public.

Voulons-nous donner à croire que ces vers
et ces proses que nous rassemblons soient
tous également admirables ? Qu'importe ! Le
génie épanoui des uns complète ces autres
resserrés encore en bouton, et certaines méditations crayonnées sur le champ de bataille
témoignent pour ceux qui moururent silen-
cieusement. Chacun d'eux a son drame et sa
figure à part ; pourtant leur sacrifice est com-

mun et pas un n'échappe à l'admiration dont
nous entourons leur sainte cohorte.

A ces débutants, à ces maîtres mêlés, nous
avons résolu d'offrir la fête qu'ils eussent
aimée de leur vivant, et, groupés autour
d'eux en cercle, nous les regardons, nous les
écoutons, figures douloureuses et charmantes,
déjà devenues un peu mystérieuses pour nous-
mêmes qui les avons familièrement connues.
A demi rentrées dans l'ombre, ces âmes rayon-
nent doucement ; épurées par la mort, elles se
sont réunies avec l'idéal qu'elles poursuivaient
au milieu de nous. Les voilà tous, nos amis,
élevés à la dignité de types, et vivant d'une
existence plus intense que leur être premier.
Ils aimaient la solitude, les beaux vers, la
musique et la gloire. Quand le tocsin sonna,
ils quittèrent sans hésiter ce concert dans le
jardin pour courir au devoir de tous, à la
simple utilité. Ils ajournaient la beauté, délais-
saient la poésie, et croyaient ouvrir une
parenthèse dans leur vie ; mais la Muse les
suivait ; aussitôt que l'un d'eux glisse à terre,
elle saisit le héros dans ses bras divins et
l'emporte au milieu des constellations. Devenus le noyau solide d'un nuage en feu, nos
amis s'éloignent en appelant nos rêveries.
C'est un culte qui commence.

Par la suite, on fera mieux que ce recueil documentaire ; nous avions besoin immédiatement d'un répertoire qui donnât des noms, des dates, des titres de livres et dont les marges pussent recevoir nos pieuses annotations ; mais, pour que soient commentés avec une souveraine autorité ceux que dénombre ce registre, nous attendons leur compagnon de fatigue et de vertu ; les uns et les autres se valent. Le mort au milieu de ses frères d'armes n'est que le *primus inter pares ;* et la question que nous adressions à des visages recouverts d'ombre, les revenants la résoudront. « D'où vient que les grandes âmes sont plus nombreuses à certaines époques qu'à d'autres ? Comment la France a-t-elle trouvé en 1914 exactement les fils qu'il lui fallait ? Pourquoi dans cette guerre l'éminente dignité de l'esprit ? » Nos amis à leur retour nous le diront mieux encore (car, mêlés à cette tragédie, ils la convertissent en sang et en nourriture), c'est en agissant qu'ils vont nous instruire. Chez eux, les cordes de l'honneur et de la volonté viennent d'être touchées d'une telle manière qu'elles ne s'arrêteront plus de vibrer et donneront le ton à la pensée religieuse et politique, aux arts, à l'action, à la vie totale. Ils vont revenir avec un pouvoir

spirituel. Ils déposséderont d'un accord spon-
tané, pacifiquement, ceux qu'ils viennent de
sauver. « Qui vous a faits chefs ? » leur diront
avec effroi les puissants d'hier. Ils répondront :
« La délégation des morts, nos compagnons
de bataille. »

Tout n'est pas couché dans le glorieux petit
cimetière du front. Le héros de *Debout les
Morts !* couvert de la boue des tranchées, me
peignait, un jour, en termes inoubliables,
la force et la magnificence des sentiments
nés sur un champ de bataille. « A deux
êtres qui ont ensemble coudoyé la mort, me
disait-il, qui ont risqué leur vie l'un pour
l'autre, il semble que leurs deux existences
s'entremêlent désormais, s'unissent, se confondent à ne plus pouvoir se séparer l'une
de l'autre... » Les survivants agiront fidèlement aux lieu et place des morts, seront leurs
semblables, leurs *doubles*.

A celui, qui, feuilletant cet obituaire, ce
registre où nous inscrivons les noms des
morts, le jour de leur gloire et leurs legs à la
postérité, croirait y voir le découronnement
de la pensée française, répondons que par la
vertu du sacrifice c'est un couronnement.

XXXV

LE CRABE

18 Février 1916.

Que machine au juste l'Allemagne? Qu'est-ce que ces bombardements de nos villes ouvertes, et puis ces attaques de tous les côtés, qui semblent des coups de sonde? On a fait bien des suppositions; on a voulu voir dans ces manœuvres le prélude de quelque nouveauté chimico-balistique que nous ne serions qu'à demi préparés à parer.

Je crois plus simplement que l'Allemagne voudrait nous irriter, nous pousser à des représailles, nous entraîner à l'offensive, en même temps qu'elle cherche à fournir à son peuple des communiqués glorieux.

D'irrécusables témoins nous convainquent qu'il y a de la fatigue dans ces populations inquiètes et rationnées. Le gouvernement impérial sent la nécessité de retaper l'esprit public par des succès militaires.

Sans doute, à quelques Allemands les raids de Zeppelins apparaissent ce qu'ils sont, d'horribles futilités, mais l'immense foule se repaît de ces vains exploits, y trouve sa nourriture morale, un précieux réconfort.

C'est peloter en attendant partie. Ah! que les Allemands aimeraient nous amener à une offensive immédiate!

L'offensive est toujours contenue. Dans les conditions où se présentent de part et d'autre les fronts, c'est chose particulièrement grave. Pour y aller, il faut avoir les meilleures raisons stratégiques. Tous les critiques militaires allemands disent que nous avons un besoin très urgent d'attaquer, parce que plus la guerre se prolonge, plus nous souffrons. Les bons apôtres! L'Allemagne est un peu comme les crabes qui ont leur substance osseuse à la surface. Le dedans est mou, mais l'enveloppe solide. Du béton, du ciment, du métal, des mitrailleuses partout. Ils aimeraient nous voir nous jeter là-dessus. Ils sont pressés; ils ne peuvent pas attendre et se soucient peu de marcher sur nous à fond. Alors ils nous aguichent par d'innombrables petites attaques. En même temps, ils nous tiennent ces raisonnements :

« Nous avons des gages; venez-nous les reprendre. »

Nous pourrions répondre : « Venez donc reconquérir les mers et vos colonies. »

Il saute aux yeux que nous avons les meilleures raisons de voir venir et d'ajourner
notre attaque. Nos échanges sur mer sont à
peine gênés par les sous-marins ; notre situation économique est bien supérieure à la leur.
Pour qui regarde l'ensemble du tableau, les
Empires du Centre sont posés dans cette guerre
à la manière d'une place assiégée. Ils s'usent
sous nos efforts et par manque d'ouvertures
libres.

C'est une situation que les Allemands peuvent d'autant mieux comprendre qu'ils disposent de deux termes pour la préciser. Ils distinguent les pertes en *blütige* et *ünblütige*, les
unes sanglantes, les autres non sanglantes ;
les premières comprennent seulement les
hommes tués et blessés ; les secondes embras-
sent non seulement les hommes terrés dans un
fossé ou derrière un mur, mais les hommes
qui restés en lignes sont diminués de valeur
par la disparition de leurs chefs, par le manque
de munitions, la fatigue, les inquiétudes familiales, le manque d'espoir. — Le général de
Maud'huy signalait ces deux sortes d'usure,
en 1912, dans son ouvrage sur l'*Infanterie*.

Usure matérielle, usure morale ; il faut en
finir, il faut sortir de cet encerclement. Par
la voie diplomatique, ou par un succès mili-

taire, les Allemands voudraient obliger l'un
de leurs adversaires à faire sa paix séparée.

Sans doute, en brisant la Serbie, ils se
sont ouvert une fenêtre. Mais ce succès, qui
semblait leur donner l'accès de l'Orient, a été
arrêté court par ces lendemains qui s'appel-
lent Salonique et Erzeroum. Les Empires du
Centre auront élargi leur respiration, gagné
quelque commodité, mais n'auront prolongé
que de peu leur résistance.

On l'a justement observé, c'est à mesure
que les places assiégées voient la fin de leurs
ressources qu'elles multiplient leurs efforts.
Buzenval est du 17 janvier et le 27 on signait
l'armistice. Le désespoir veut à tout prix des-
serrer l'étreinte qui l'étouffe, rompre le cercle.

Les Allemands veulent et ne veulent pas
attaquer. Exactement, ils le voudraient, mais
ils ne le peuvent guère. Il semble que ce soit
pour eux qu'ait été inventé l'aphorisme qui
dit : « Celui qui peut attaquer est heureux,
celui qui doit attaquer est malheureux. »
Vous entendez bien, celui qui va à l'assaut
de sa propre impulsion, par le sentiment de
sa propre supériorité, celui-là est heureux;
mais s'il y est amené par des nécessités de
circonstances, obligé, par le fait, oh! alors, il
est dans une situation stratégique inférieure.

Il est bien bon ce crabe qui, d'un ton doctoral, par la voix de ses hauts et savants critiques militaires, nous enseigne que notre
intérêt est de prendre immédiatement l'offensive. Certes, tous les peuples engagés dans
cette guerre désirent qu'elle finisse; mais,
bien mieux que l'Allemagne, nous pouvons
la continuer; nous prendrons notre temps et
saisirons notre occasion. Patience et activité,
c'est la devise des Alliés. L'Angleterre applique la conscription, la Russie fabrique et
reçoit des armes, l'Italie perfectionne sa mobilisation; nous-mêmes nous avons en train
diverses petites choses intéressantes, parmi
lesquelles, enfin! les gaz. Les Alliés attendent
le moment qu'ils connaissent où ils pourront
entreprendre une offensive de grand style et
concertée.

Ce jour-là, en nous y mettant de tous les
côtés, nous finirons bien par entamer quelque
part la carapace derrière laquelle nous ne
trouverons plus que les parties molles. (D'autant que le crabe austro-boche, en se distendant à l'excès pour couvrir un trop vaste territoire, ne manquera pas à la longue de favoriser des fissures, des faiblesses, des points
d'éclatement dans son système de défense.)

XXXVI

LES DROITS
DES ORPHELINS DE LA GUERRE

19 Février 1916.

Un homme a donné sa vie à son pays; il est tombé à l'ennemi; il laisse un enfant. Tous les Français survivant à la guerre reconnaissent qu'ils ont des devoirs envers cet orphelin. Ils doivent lui assurer la protection que le mort ne peut plus lui fournir. Le fils, la fille du héros ne doivent manquer de rien. C'est notre stricte obligation.

Sur le principe, nous sommes tous d'accord. Mais comment l'appliquer?

Trois essais viennent d'être tentés au Parlement, trois textes ont été déposés, successivement, par M. Léon Bourgeois, qu'améliora le ministre Sarraut, qu'améliora encore M. Perchot, parlant au nom de la Commission sénatoriale.

La discussion du projet Perchot a commencé jeudi. Est-ce pour aboutir? Je ne sais; des parlementaires m'ont paru sceptiques; mais c'est une grande question, que nous avons tous intérêt à méditer, car la tranquillité d'esprit des combattants, qu'une bonne loi servirait, intéresse la défense nationale.

Les lois que nous faisons ont généralement pour objet, au moins accessoire, de fortifier l'administration, de lui remettre des armes avec lesquelles elle fera « marcher » le libre citoyen. De quoi qu'il s'agisse, regardez bien et, dans un coin d'ombre, vous distinguerez toujours le paragraphe qui donne aux personnages influents un nouveau moyen de prendre barre sur l'électeur.

C'est le sou du franc. Le parlementaire, en travaillant pour la nation, se ménage un petit avantage. Dans le projet de la Commission sénatoriale, faites attention aux articles 4 et 5; ils portent que la nation prend à sa charge l'entretien et l'éducation de l'orphelin de la guerre, *dans le cas d'insuffisance de ressources de la famille.*

Voilà ouverte la porte à l'arbitraire. L'appréciation de l'insuffisance des ressources soulève les questions les plus délicates. Les familles auxquelles l'administration refusera le bénéfice de la loi se croiront toujours victimes d'injustices. « Ah ! diront-elles, nous ne connaissons pas de députés, nous autres..... ;

notre père ne votait pas pour le candidat de
la préfecture... » Des difficultés sans nombre
naîtront. La loi sur les allocations dues aux
familles des mobilisés ne le prouve que trop.
Que de conflits a entraînés l'obligation d'apprécier si une personne était ou non dénuée
de ressources ! Que d'abus, de favoritisme, de
dures négligences ! Et notez que nous sommes
dans un moment où les plus terribles tyrans
de villages sont disposés à la pitié, à la frater-
nité et surtout se sentent surveillés. Si des
récriminations se sont élevées de tous côtés,
durant ces premiers mois de la guerre où nos
pensées à tous s'unissaient et s'élevaient dans
l'angoisse, et si aujourd'hui encore l'administration supérieure est assaillie d'un chœur de
récriminations douloureuses, âpres, inces-
santes, que sera-ce au sortir de cette période
émouvante, quand nous serons retombés à
peu près à notre médiocrité naturelle?

Tranchons net, il faut que tous ces enfants
dont le père a été tué ou se trouve par suite
de ses blessures incapable de gagner sa vie,
puissent être appelés à bénéficier des avantages
offerts par la loi sans qu'aucun bon plaisir se
glisse et s'interpose, sous la forme d'un dur
politicien, entre eux et la gratitude nationale.

Tous les enfants nés de pères morts pour la

*France ont durant leur minorité un droit égal
à la protection de l'État.*

Voilà le premier point où je redoute, peut-être à tort, de voir apparaître l'habileté de nos grands manœuvriers d'élection. Mais laissez que je continue et vous signale dans l'ombre quelque chose encore qui ressemble à une embuscade.

Jusqu'à cette heure, dans le droit français, l'État s'effaçait devant la famille. Jusqu'à cette heure, nos orphelins étaient légalement placés sous la surveillance du père ou de la mère survivant, de l'un ou de l'autre des grands-parents ou bien sous la tutelle d'un des parents librement désignés par le conseil de famille. Jusqu'à cette heure enfin, l'État n'intervenait que pour protéger l'enfant par l'action et la surveillance permanente de l'autorité judiciaire.

À cette vieille conception familiale, tout à fait chère à notre race, le projet Perchot substitue une pensée empruntée au droit allemand. Je ne lui fais pas là une critique; s'il y a chez nos pires ennemis quelque chose qui nous convient, adoptons-le. Les Allemands font de la tutelle une fonction de l'État, et du tuteur un fonctionnaire. A leur suite, le projet Perchot substitue l'État à la famille. Est-ce un bien?

La tutelle des orphelins de la guerre, nous dit M. Perchot, sera attribuée à un office national présidé par le ministre de l'Instruction publique et à des offices départementaux présidés par les préfets.

Ah ! je crains de flairer là dedans la triste odeur de la politique et l'intrigue des élections. La présence de ces agents si terriblement actifs laisse subsister sur le véritable but poursuivi par le législateur un doute qui peut justement alarmer les familles.

Les familles des orphelins de la guerre sont avant tout préoccupées de conserver leur entière liberté pour diriger l'instruction et l'éducation des enfants selon le vœu du père tombé pour défendre la France. Ne chicanons pas ce qui tient si fort à ces cœurs nobles et douloureux. Il est indispensable que les dispositions de la loi leur donnent toutes les garanties.

— Lisez l'exposé des motifs, me répond un sénateur. Le législateur s'y déclare fermement décidé à respecter l'indépendance et les scrupules de toutes les familles. Nous ne voulons mettre en jeu l'action de l'État et de ses fonctionnaires que pour sauvegarder les intérêts matériels et moraux de l'enfant.

— Sans doute, mon cher sénateur, vous

êtes bien intentionné, mais avez-vous trouvé là un moyen sûr de réaliser vos bonnes intentions et même d'en persuader le public? Je n'attaque pas ce projet; bien plutôt je l'examine avec le désir de le rendre inattaquable. A tort ou à raison, le public juge de l'avenir d'après le passé; il se figure que les ministres gouverneront demain comme ils faisaient hier, au bénéfice d'un parti, et que des fonctionnaires politiques sont déplorablement enclins à faire de la pression sur leurs administrés. Je prie le Sénat de tenir compte des appréhensions légitimes que fait naître le choix du ministre de l'Instruction publique et des préfets comme tuteurs des fils de nos soldats tués à l'ennemi.

Pour tranquilliser l'esprit public, que doit faire le Sénat?

Il doit rendre à l'autorité judiciaire la place prépondérante que lui assignent les lois françaises dans l'organisation des tutelles et dans la surveillance des intérêts des orphelins. Que l'Office national soit donc placé sous la direction du ministre de la Justice et les offices départementaux sous la direction des présidents des tribunaux civils.

Et puis, au début de la guerre, nous avons fait une grande chose, nous avons créé ce

Comité de Secours national où siègent les chefs de tous les partis, l'archevêque de Paris, le grand rabbin de France, d'éminents protestants, la Confédération générale du Travail, des membres de tous les grands corps français. C'est une œuvre de justice et d'apaisement, c'est un excellent modèle. Pourquoi ne pas le suivre? Dans ces offices départementaux qui sont chargés de la défense des intérêts moraux de l'orphelin, et qui fixent la direction à donner à son éducation, pourquoi n'ouvririez-vous pas la porte aux ministres des différents cultes? Curés, pasteurs, rabbins sont placés mieux que personne pour connaître le vœu des familles. Et ainsi recevraient toute satisfaction et toute garantie ceux qui redoutent que l'on porte atteinte aux droits de leur conscience, à leur liberté.

Sur ce dernier point, ayez bien soin d'être nets. Vous ne voulez que servir les familles, ne cherchez donc pas à imposer votre tutelle d'État à celles qui pour des raisons diverses la refuseraient. Qu'elles aient la faculté de demeurer, si c'est leur volonté, sous l'empire du droit commun établi par le Code civil et par les lois spéciales relatives aux pensions, aux allocations complémentaires, aux exonérations et aux bourses. La loi peut offrir certains avantages nouveaux aux familles qui acceptent de se soumettre aux obligations qu'elle édicte ; mais elle ne doit les imposer à personne.

En un mot, n'apportons pas d'habiletés non plus que de querelles autour de ces orphelins de la guerre ; craignons de manquer à un tel sang. Cette génération sacrée, nous devons la défendre contre toute désagrégation qui méconnaîtrait l'héroïsme de sa naissance. Nous voulons, tous, qu'en elle soit déposée une croyance plus solide que le roc dans la suprématie morale des vainqueurs de la Marne. Ne contestons pas les principes familiaux de ces orphelins ; qu'ils soient élevés comme auraient voulu leurs pères, qui, mus chacun par son *Credo*, ont également aimé la France. et demain ils formeront une élite nationale.

XXXVII

LA FRANCE S'OFFRE AVEC SES BLESSURES POUR RANIMER NOS COURAGES

Églises tombées au Champ d'honneur.

20 février 1916.

Nos lecteurs connaissent l'œuvre des églises dévastées. C'est un grand chapitre de la réparation des dommages dans les régions envahies.

Nous en avons causé à la fin d'octobre dernier, vers le temps de la Toussaint, aux jours d'automne où les pensées des morts et des vivants, des ancêtres et des petits enfants, se cherchent et s'assemblent dans le culte des défunts. Nos lecteurs ont envoyé leur obole à l'*Office central des œuvres de bienfaisance*, 175, boulevard Saint-Germain, et, satisfaits d'avoir donné à cette grande tâche la première impulsion, ils désirent naturellement savoir où l'on en est.

On travaille. L'enquête est faite sur la partie du territoire dès cette heure dégagé. Nous avons recueilli des plaintes, des gémissements, parfois un silence funèbre; il y a des églises blessées, d'autres qui resteront mutilées, d'autres mortes à jamais. On guérira les blessures, on cicatrisera et appareillera les mutilées, on ressuscitera les mortes.

Monseigneur de Châlons a tracé un tableau inoubliable de sa visite aux sanctuaires en ruines qui furent la gloire et le chœur chantant de la Champagne. « Pleines de souvenirs et pleines de vertus », il dénombre ces églises aimées et donne de chacune, en deux mots, une image si forte et si attendrissante qu'à le lire on croit avoir parcouru avec ce prélat patriote ce chemin de la Croix. Après

avoir assemblé cette suite de traits particuliers,
l'évêque note une observation d'ensemble dont
j'admire le beau sens symbolique et que j'ai
vérifiée. Ce qui reste debout, dans chaque
village, à côté de la vieille muraille de l'église,
ce sont les âtres des maisons, les cheminées
familiales, les foyers noirs encore de la flamme
domestique. La devise de nos aïeux, leur appel
de guerre, est ainsi inscrite en images par-
lantes au-dessus des ruines champenoises :
Pro aris et focis. Et là-dessus Mgr Tessier
s'écrie : « Ce que j'ai vu arrache les larmes,
irrite les colères et crie vengeance. » J'aime
cet évêque français qui ne craint pas le grand
mot salubre de vengeance.

Ces jours-ci André Michel, dans une superbe
conférence, a cité le mot d'un soldat qui devait être tué peu après et qui par le soir d'une
belle journée d'automne, regardant la divine
cathédrale de Soissons bombardée, disait :
« C'est la France qui s'offre à nous avec ses
blessures, comme si elle voulait ranimer nos
courages. »

Au travail ! Il est impossible de voir et
d'écouter cette grande pitié, cette passion,
sans être envahi par l'enthousiasme. L'église
heureuse était pleine d'hymnes, de prières et
de graves pensées ; ces méditations chantantes

ou silencieuses, pour n'avoir plus de toit, ne sont pas interrompues, et déjà les pierres mises en mouvement par un rythme divin s'assemblent. Une femme qui prie et qui enseigne le *Notre Père* et l'*Ave Maria* à ses enfants, tandis que le père les regarde avec émotion, c'est une chapelle qui veut ressusciter.

Au cours de mes voyages dans les régions dévastées, j'ai appris cent fois comment les églises meurent et ressuscitent. Dans les bois de la Chipotte, pleins de tombes, un jour je suis tombé au milieu d'un village encore fumant de la bataille. C'était par un après-midi de soleil ; quel silence sur ces ruines sans clocher, entourées de forêts ! Des paysans étaient revenus s'abriter pêle-mêle dans les quelques maisons debout. J'allais, précédé d'une petite fille hagarde, demeurée demi-folle à cause de tout ce qu'elle avait vu. L'âme du lieu, le *genius loci* semblait mort, enfui. Mais soudain, par une fenêtre ouverte, j'aperçus une chambre toute brillante d'or. Qu'est cela ? Je m'approche, des chandeliers, des bouquets de pervenche, une flamme, un tabernacle, un autel ! Un vers s'est précipité de mon cœur à ma mémoire :

L'espoir luit comme un brin de paille dans l'étable

Une heure après, continuant ma route,

j'arrivais à Gerbéviller, où la sœur Julie me demandait des tuiles pour couvrir son église.

Je venais de connaître en quelques instants les deux types auxquels se ramènent toutes les situations créées par l'acharnement de l'ennemi. Ici, l'église est morte, il faut trouver un abri pour le culte ; là, elle n'est que blessée, il faut lui mettre un pansement.

L'histoire est partout la même. Un jour, les obus sont tombés ; le prêtre a enlevé les espèces saintes et les a cachées ; on s'est battu dans l'église, on y a campé, soigné les blessés, rangé les morts ; les vivants y ont couché, bu, mangé, souillé. Le lendemain, l'ennemi a reculé. Quelques habitants sont revenus au milieu des soldats. La nécessité s'impose ; le village ne peut pas se passer d'âme ; quelques-uns veulent une église. Où ? Comment ? N'importe où, n'importe comment.

A Saint-Rémy, le charmant village solitaire de la forêt de Charmes, le curé dit : « Nous avons mis un autel et quelques bancs dans une vaste cave qui est à niveau du sol ; il faudrait une cloison pour nous séparer complètement de la partie où les soldats mettent leurs chevaux... » — Le curé de Saint-Pierremont, du diocèse de Saint-Dié encore, écrit : « Dans une maison où je suis réfugié, un vaste grenier avec deux entrées différentes pourrait être aisément aménagé en chapelle, après ouverture de deux fenêtres dans la toiture... » — A Vallois, toujours en Lorraine, les vents et la neige tourbillonnent dans l'église ; les fidèles voudraient des planches ou de la toile pour fermer les brèches. — A Rehainviller, le culte se célèbre dans ce qui était la salle à manger du presbytère, mais est gêné par la circulation des soldats logés dans toutes les autres chambres. — Le curé de Magnières en Lorraine écrit : « Pour rétablir le culte, j'ai profité de la bienveillance qui m'était témoignée par le préfet (Mirman), lorsque, après l'invasion, il est venu me donner l'accolade en me remerciant d'être resté avec la population sous les obus. Dès que j'ai été guéri de mes blessures, je lui ai demandé de me laisser la salle d'école inutilisée par les classes, en l'absence de l'instituteur, et c'est là que, depuis un an, la messe est dite... » — Le chœur de l'église de Loisy, près de Pont-à-Mousson, est complètement détruit par les obus. Le curé a séparé la nef du chœur par une grande cloison en planches, pour arrêter la pluie et le vent ; avec des planches encore il a fermé les fenêtres brisées : « Je n'ai pas eu à payer la main-d'œuvre, dit-il, car des soldats menuisiers m'ont donné gratuitement leur concours ; mais il faudra payer les planches quand le propriétaire, qui est mobilisé, reviendra... »

M. l'abbé Sertillanges, parlant à Notre-Dame pour l'Œuvre des églises mutilées, résume la situation : « Une échoppe de cordonnier, un comptoir d'auberge, des caissons de vin au fond d'une cave : voilà l'église, voilà l'autel ; nous en sommes émus, mais non pas humiliés... » Méditez qu'une telle parole retentisse et se prolonge sous les voûtes du temple sublime ; elle donne la couleur de cette guerre où règne l'élément spirituel ; elle nous raccorde à la crèche de Bethléem, à la ferveur, à l'angoisse des catacombes. C'est par la palpitation des cœurs, au dernier mot, que valent les églises. A quoi servent l'autel et son clocher ? A créer une communication avec le ciel. Que pensez-vous de l'atmosphère que l'on respire dans cette église du village de Bernecourt, en Lorraine, que son curé nous fait connaître en nous disant : « Un commandant qui vient de perdre ses trois fils tués à l'ennemi, et dont la piété généreuse est sans doute excitée par ce fait, nous a mis à même de couvrir notre église avec de la tôle et du papier goudronné... »

Mais voici la plus belle image. Dans la

paroisse de Neufmoutiers, au diocèse de Meaux, un officier français grièvement blessé fut couché sur l'autel pour y subir d'urgence et sans chloroforme une cruelle opération. Comme le chirurgien s'étonnait de l'admirable énergie de son patient, celui-ci du regard lui indiqua le Christ en croix... C'est le curé qui écrit ces lignes au cours d'une lettre.

Ce moment sublime de la vie de nos églises ne peut durer. C'était l'ardeur du combat. Maintenant on respire sur le champ de bataille de la Marne. On y vit d'une vie précaire, pourtant l'on peut s'entr'aider. Ramassons les victimes. L'église n'est-elle que blessée? Appliquons-lui le premier pansement, je veux dire la réparation sommaire; mettons-la « hors l'eau », comme disent les architectes. Est-elle morte, jetée à terre avec le village entier? Le village va se relever en baraques, l'église sera en baraque. Bâtissons l'abri provisoire.

Mais que l'église soit morte ou blessée, qu'on puisse la réparer ou qu'il faille la suppléer, voilà que se pose une question de beauté.

Il ne faut pas dire non! La beauté est une condition de l'édifice religieux : la liturgie chrétienne est un art et une poésie; le culte un enchantement

Henry Cochin, qui le premier m'avait parlé
de ce comité et de cette tâche à laquelle il se
donne, est revenu me voir ces jours-ci : « Allez,
m'a-t-il dit, au pavillon Marsan (107, rue de
Rivoli) visiter l'exposition du concours organisé par notre société de Saint-Jean, en vue
de reconstituer le mobilier des églises et pour
rechercher des types d'abri provisoire. Allez
en outre voir au service des monuments historiques les dessins admirables qui sont faits des
églises tombées pour la patrie... »

J'ai fait ces visites, j'ai vu d'autres dessins
tout à fait précieux de M. Émile Humblot, de
Joinville. Je voudrais vous en parler. Il s'agit
de la reconstitution des pays sinistrés, et j'ai
bien entendu l'appel que me lançait, par la
plume de Pierre Vasseur, « la Société d'assistance aux réfugiés et évacués de Meurthe-et-
Moselle ».

Quelques-uns diront-ils : « Ce n'est pas le
moment... ? » C'est le moment de mettre en
train tout ce qui empêchera le souffle de notre
patrie et l'esprit de notre terre de s'égarer au
milieu des querelles ou bien de languir sous
une apathie mortelle. L'évêque de Châlons
raconte que deux semaines après la bataille
la Marne, dans une paroisse dont l'église et la
moitié des maisons gisaient par terre, il trouva

le bon curé fort occupé à diriger, sous le canon qui tonnait encore, une petite armée de maçons, et à boucher méthodiquement les brèches de son presbytère. Ce bon curé me plaît. C'est le moment de construire et de reconstruire, d'avoir espérance et confiance, inépuisablement ; c'est le moment de mobiliser tout notre génie d'organisation : la France portera d'autant mieux son fardeau qu'elle tirera de ses profondeurs toutes les aptitudes diverses pour qu'elles s'emploient à réparer la patrie, et que le moindre de nous prendra le sentiment d'être associé à l'œuvre nationale.

XXXVIII

LES ÉGLISES QUI VEULENT NAITRE
ET LES ÉGLISES QUI REFUSENT DE MOURIR

Églises tombées au Champ d'honneur.

21 février 1916.

Un de ces derniers matins, je suis allé voir les beaux dessins à la plume que le service des monuments historiques fait faire pour perpétuer les crimes des Prussiens sur nos églises. C'est une série d'inoubliable puissance tragique, qui sera complétée et que doublent déjà d'autres pèlerins d'art et de patriotisme. M. Émile Humblot, qui depuis des mois m'a fait son confident, ne cesse pas de circuler avec ses crayons sur les territoires de la bataille de la Marne, et dans le même temps un jeune artiste, M. Colle, hier encore ouvrier de la verrerie de Baccarat, s'est dévoué à la Lorraine : il portraicture les figures de nos petites églises rurales, héroïsées une fois de plus par l'incendie et les misères de la guerre. Sa place doit être marquée dans cette suite de belles initiatives.

Aujourd'hui, je suis entré au Pavillon de Marsan pour étudier la petite exposition organisée par des artistes de la Société Saint-Jean pour venir en aide aux églises victimes de la guerre. Sur un mur, voici la carte dressée par Sainte-Marie Perrin pour le dénombrement des sanctuaires dévastés, et tout autour, épars, des dessins, des projets de baraques, d'abris provisoires et de petites églises économiques.

Ce sont de simples et sommaires croquis, faits avec bonne volonté et générosité par des artistes qui se sont asservis à la simplicité presque nue, à l'économie presque sordide.

Quelques-uns ont réussi à en faire une noblesse... Et puis, à côté, voilà un concours
de vêtements liturgiques, de décorations,
économiques aussi, provisoires aussi. Quelques-unes sont charmantes, entre autres les
broderies de Mlle Desvallières, en ficelles et
en bouts d'indienne. L'indienne des tabliers
d'enfants pauvres.

Ainsi j'ai vu en deux matinées les églises
qui veulent naître et les églises qui refusent
de mourir. Quelques-uns croient à un anta-
gonisme : l'art moderne d'un côté, les vieilles
pierres de l'autre, et en légende : *Ceci tuera
cela*. Eh non ! fort aisément les deux pensées
peuvent s'aimer l'une l'autre, se respecter et
se marier.

L'héritière ne doit pas se presser. Que l'antique église, s'il se peut, vive éternellement,
avec ses infirmités, ses blessures et ses muti-
lations. La conservation et l'utilisation d'une
ruine coûtera toujours infiniment moins cher
qu'une construction neuve et plaira mieux à
tous les regards, à tous les cœurs. Mainte-
nons jusqu'à l'extrême limite les églises anciennes, mais pour le jour où la ruine s'affaisse,
une jeune pensée doit se tenir prête à prendre
corps, et qui sait? au lendemain de la guerre,
devant la nécessité de construire du neuf, nos

architectes en viendront peut-être à se définir clairement le caractère que doit avoir une église au xxᵉ siècle.

Mais parlons net. J'ai posé aux meilleures sources une question précise : Dans quelle proportion, parmi les églises martyres, sont les mortes? Combien en est-il d'irrémédiablement perdues?

Même où l'on s'est battu, l'église veut et peut vivre. Il ne faut pas croire qu'on soit obligé de démolir une église bombardée. Ah! sur le front, c'est terrible, c'est irréparable. Cherchez l'emplacement où se trouvait Notre-Dame-de-Lorette, vous le trouverez malaisément. Les églises d'Ablain-Saint-Nazaire et de Carency ne sont plus qu'un amas de décombres. Là nous devrons reconstruire, et sur l'ancien emplacement, nos architectes auront à faire œuvre moderne. Mais gardons-nous de bourrer d'églises neuves tout le champ de bataille de la Marne. On peut sauver les bâtiments, comme on sauve les soldats blessés et mutilés.

Quatre-vingt-dix pour cent, environ, de ces églises peuvent être maintenues en vie, en leur donnant une charpente et une couverture de petites tuiles qui ne détonnent pas dans le paysage, en bouchant les brèches des murs et du clocher, en mettant des vitres. Il est même inutile de refaire les voûtes, un plafond de bois suffira. Elles seront protégées des intempéries et l'on pourra célébrer le culte. — « Mais les murs ne sont plus assez solides ! » — Faites reposer la charpente sur des poteaux.

Je n'aime pas ces objections ; elles éveillent notre méfiance, nous nous rappelons qu'il peut exister des entrepreneurs et des architectes qui ont plus l'amour de leur petite famille que des petites églises, et qui, pour grossir les frais et leur bénéfice, n'hésitent pas à tout jeter bas quand il n'y a que trois, quatre éclats de surface.

Ni démolition, ni restauration ; une œuvre anonyme de conservation. Gardez-vous même d'effacer les injures subies par l'édifice durant la guerre, pourvu qu'elles ne portent pas atteinte à un élément constitutif de l'architecture. Dès que vous aurez assuré la vie de l'ensemble et soigné la blessure, laissez intacte la cicatrice. Ce serait un sacrilège de masquer cette entaille produite par l'obus. C'est une Croix de Guerre. Et même l'église moderne, qui, hier, vous intéressait peu, si la guerre a passé dessus, cherchez à la couvrir, à l'étayer, à la maintenir : elle a gagné ses titres.

Quatre-vingt-dix pour cent des églises peuvent être sauvées, disions-nous; c'est reconnaître que dix pour cent gisent à terre. Il faut les reconstruire sur l'ancien emplacement. A chaque fois que j'ai vu un amas de décombres, j'ai dit d'abord : « N'y touchons pas! Que le crime demeure à jamais comme un témoignage et une leçon! » Que donne cette idée à la réflexion? Peu de chose. Les décombres pourriront, ne parleront pas après-demain aux nouvelles générations, et dès demain seraient un élément déprimant quand tout va vouloir renaître. Surtout placée comme l'est toujours une église, une ville ne peut pas vivre avec un cadavre au centre.

Une indemnité pour dommage de guerre est due à tout bâtiment communal. L'église, bâtiment communal, touchera cette indemnité et se relèvera.

Notez que la beauté peut coexister avec la simplicité la plus absolue. Les premiers âges de l'Église en ont maints exemples; la plus ancienne basilique n'était guère qu'une grange. Parmi ces dessins présentés en perspective, que j'ai admirés dans la collection du Service des Monuments historiques, il n'en est pas de plus émouvant que celui de la chapelle de Saint-Prix, dans les marais de Saint-

Gond. Autour d'elle, les soldats de Foch et du général Humbert se couvrirent de gloire, et, certes, la bataille dont elle porte les cicatrices ajoute à son caractère de précieuse relique. Mais pour son charme propre on l'aime. On ne peut détacher d'elle son regard, ni son souvenir. Ce n'est pourtant qu'une petite église au grand toit, aux fenêtres étroites, aux murs d'une épaisseur prodigieuse, une église à nef unique, avec un portail du dixième ou onzième siècle. Ce portail est construit comme un dolmen ; nous sommes là en présence de gens qui réinventaient l'art ; ignorants de Rome et d'Athènes, ils ne tirent rien de la tradition, mais seulement de leur cerveau inexpérimenté. Et que trouvent-ils ? Exactement ce qu'avaient déjà trouvé les Hellènes primitifs de Mycènes. Voici, dans ces marais, la porte qui sert d'entrée au trésor d'Agamemnon.

Le problème principal, pour la construction des églises nouvelles, n'est pas de savoir si l'on aura beaucoup d'argent. « Dois-je construire une masure ou bien un palais ? » — Ce n'est pas, architecte, m'interroger sur l'essentiel. Permets seulement à l'église d'obéir au vœu de sa nature ; laisse qu'elle soit un tabernacle, un silence plein de prières, un chant collectif qui s'élève. Ici, tous les hommes deviennent frères et se glissent dans la société des anges. Avons-nous dans le cœur le sentiment qui fait éclore les belles églises? C'est le problème. Il existe, ce sentiment, chez le héros qui marche à la victoire. Quelqu'un saura-t-il le traduire en assemblant des pierres?

TABLE DES MATIÈRES

DOUZIÈME PHASE

LA DÉFAITE DU MONTÉNÉGRO

A LA RECHERCHE DE L'UNITÉ D'ACTION SUR L'UNITÉ DE FRONT

(1er décembre 1915-20 février 1916)

www.ingramcontent.com/pod-product-compliance
Lightning Source LLC
LaVergne TN
LVHW011927180726
843502LV00003B/722